2018—2019 年中国工业和信息化发展系列蓝皮书

2018—2019 年
中国产业结构调整蓝皮书

中国电子信息产业发展研究院　编著

王　鹏　主　编

栾　群　副主编

電子工業出版社·

Publishing House of Electronics Industry

北京·BEIJING

内 容 简 介

本书详细分析了近年来我国产业结构变化的现状和特征，全面梳理了我国在优化产业组织结构、促进产业技术升级、化解产能过剩矛盾和淘汰落后产能、推动产业转移和布局优化、发展服务型制造等方面的政策措施，系统地总结了 2018 年产业"转方式、调结构、促升级"的主要进展。本书产业篇还分析了钢铁、有色金属、建材、汽车、电子信息及其他战略性新兴产业的结构调整情况，并提出了展望和建议。希望本书的出版能够引起各位同行的关注和思考，也为各行业主管部门、研究机构及其从业者提供决策参考。

图书在版编目（CIP）数据

2018—2019 年中国产业结构调整蓝皮书 / 中国电子信息产业发展研究院编著. —北京：电子工业出版社，2019.11

（2018—2019 年中国工业和信息化发展系列蓝皮书）

ISBN 978-7-121-37518-7

Ⅰ. ①2… Ⅱ. ①中… Ⅲ. ①产业结构调整—白皮书—中国—2018-2019 Ⅳ. ①F269.24

中国版本图书馆 CIP 数据核字（2019）第 216499 号

责任编辑：管晓伟

印　　刷：天津画中画印刷有限公司
装　　订：天津画中画印刷有限公司
出版发行：电子工业出版社
　　　　　北京市海淀区万寿路 173 信箱　邮编：100036
开　　本：720×1 000　1/16　印张：11　字数：282 千字　彩插：1
版　　次：2019 年 11 月第 1 版
印　　次：2019 年 11 月第 1 次印刷
定　　价：168.00 元

凡所购买电子工业出版社图书有缺损问题，请向购买书店调换。若书店售缺，请与本社发行部联系，联系及邮购电话：（010）88254888，88258888。

质量投诉请发邮件至 zlts@phei.com.cn，盗版侵权举报请发邮件至 dbqq@phei.com.cn。

本书咨询联系方式：（010）88254460；guanphei@163.com。

前　言

　　当前，全球经济和政治格局复杂多变，对我国持续深化产业结构调整，实现高质量发展提出了更高的要求。工业和信息通信领域的实体企业高度活跃，新旧动能转换加速推进。人工智能、工业互联网、物联网等新型产业全球瞩目。工业和信息化部积极推进产业政策研究，推动工业设计发展，推行淘汰落后产能与化解过剩产能，优化产业组织结构和空间布局，创造公平竞争环境，积极引导与建设现代化经济体系。

　　2018年，按照《工业和信息化部产业政策工作管理办法》的要求，加强新型产业政策研究，落实党的十九大报告关于"推动互联网、大数据、人工智能和实体经济深度融合"的要求，发布了《促进新一代人工智能产业发展三年行动计划（2018—2020年）》，推动人工智能和实体经济的深度融合，明确新时代人工智能发展的重点和方向。

　　工业和信息化部遴选出的《第二批服务型制造示范名单》，包括33个示范企业、50个示范项目、31个示范平台及苏州、嘉兴、泉州、郑州、广州和厦门6个服务型制造示范城市。工业和信息化部探索建立服务型制造的统计核算和评价指标体系；健全服务型制造公共服务体系；持续组织"服务型制造万里行"政策宣传贯彻活动，指导举办第二届中国服务型制造大会。工业和信息化部印发《国家工业设计研究院创建工作指南》；指导举办首届世界生态设计大会、第二届中国工业设计展览会、第一届河北国际工业设计周、工业设计创新驱动新动能对接会和绿色制造专题对接会等主题活动，推动制造业提质增效和转型升级；印发并落实了《设计扶贫三年行动计划（2018—2020年）》。通过上述工作，进一步强化了设计创新对中国制造转型升级与产业扶贫的驱动作用。

工业和信息化部继续落实《关于利用综合标准依法依规推动落后产能退出的指导意见》，设置督导组检查全国淘汰落后产能的情况。2018 年 10 月，工业和信息化部先后组织召开两次淘汰落后产能工作经验交流会。通过上述工作加速了打好污染防治攻坚战和供给侧结构性改革。

工业和信息化部会同有关单位组织召开了 2018 年全国企业管理创新大会，发布了第 24 届企业管理现代化创新成果，对重点成果进行交流推广，并且在 2018 年全国企业管理创新大会上遴选出第三批制造业单项冠军企业 68 家、单项冠军培育企业 26 家、单项冠军产品 66 个。

工业和信息化部持续推动产业转移和结构优化，印发了《产业发展与转移指导目录（2018 年本）》，加强对产业发展的引导和规范，着力促进区域协调发展；推动跨区域产业共建合作，遴选产业转移合作示范园区；支持京津冀开展产业转移对接，指导举办京津冀协同发展招商推介会、2018 中国（郑州）产业转移系列对接活动、京冀（邯郸）食品医药行业专题对接洽谈等专项活动。

工业和信息化部贯彻落实《关于促进工业文化发展的指导意见》，加强与各地工业和信息化主管部门协同合作，组织举办了第三届中国工业文化高峰论坛。印发了《国家工业遗产管理暂行办法》，完善了工业遗产保护利用政策体系和工作机制，并认定了第二批 42 项国家工业遗产，召开了工业遗产保护利用工作经验交流会。

工业和信息化部开展了政策文件公平竞争审查和反垄断审查，营造了公平竞争的市场环境。为建设统一开放、竞争有序的市场体系，确保政策文件符合公平竞争要求，2018 年工业和信息化部组织完成了 57 项新制定政策文件公平竞争审查工作。同时，也组织开展存量政策文件清理工作，共梳理政策文件 917 项，为维护市场公平竞争发挥了积极作用。工业和信息化部组织召开了 2018 中德智能制造合作主题论坛，围绕智能制造、工业互联网等重点领域，推动中德合作向纵深迈进。同时，工业和信息化部还与清华大学启迪控股在意大利米兰合作共建了"中意工业设计创新合作园区"。

2019 年是新中国成立 70 周年，也是全面建成小康社会的关键之年。产业政策工作围绕学习贯彻落实党的十九大和中央经济工作会议精神，以习近平新时代中国特色社会主义思想为指导，按照党中央、国务院关于推动高质量发展、建设现代化经济体系的重大决策部署，以推进供给侧结构性改革为主线，落实制造强国与网络强国战略。

作为赛迪智库蓝皮书系列的一部分，《2018—2019 年中国产业结构调整蓝皮书》详细分析了近年来我国产业结构变化的现状和特征，全面梳理了我国在优化产业组织结构、促进产业技术升级、化解产能过剩矛盾、淘汰落后产能、推动产业转移和布局优化、发展服务型制造等方面的政策措施，系统总结了 2018 年产业转方式、调结构、促升级的主要进展。本书还分析了钢铁、有色、建材、汽车、电子及其他战略性新兴产业的结构调整情况，并提出了展望和建议。希望本书的出版能够引起各位同行的关注和思考，也为各行业主管部门、研究机构及其从业者提供决策参考。

目 录

┃产 业 篇┃

展 望 篇

综述篇

第一章

2018 年我国产业结构调整的主要进展

2018 年是全面贯彻落实党的十九大精神的开局之年，也是制造业迈向高质量发展的起步之年。在国内外经济形势复杂多变的背景下，各地区各部门坚决落实党中央决策部署，认真贯彻新的发展理念，深入推进供给侧结构性改革，推动我国经济发展。经过一系列努力，我国经济运行保持在合理区间，经济发展质量进一步提高，创新驱动发展进一步巩固，新旧动能转化提速，产业布局优化持续推进，产业结构调整取得了显著成效。

一、工业经济继续保持稳中有进的发展态势，发展质量持续改善

2018 年，供给侧结构性改革全面深入实施，改革成效显著，全年工业经济运行总体平稳、稳中有进，工业经济向高质量发展迈出重要步伐。

一是"化解过剩产能"任务圆满完成，工业产能利用率保持在较高水平。全年工业产能利用率为 76.5%，特别是钢铁、煤炭行业产能利用率同比呈现升高态势。根据国家统计局披露的消息，黑色金属冶炼和压延加工业、煤炭开采和洗选业产能利用率分别为 78%、70.6%，同比分别提高 2.2 个和 2.4 个百分点。全年压减钢铁产能超过3000万吨，钢铁"十三五"去产能目标提前实现。

二是"减税降费"等政策措施效果明显，企业利润实现较快增长。2018 年全国规模以上工业企业资产负债率下降 0.5 个百分点，每百元主营业务收入中

的成本比 2017 年下降 0.2 元。①规模以上工业企业实现利润总额同比增长 10.3%。其中，制造业利润增长 8.7%。主营业务收入利润率为 6.49%，同比提高 0.11 个百分点，工业企业盈利能力不断提高。②

三是一批具有创新能力的排头兵企业加快涌现。2018 年 11 月，工业和信息化部、工业经济联合会共同发布第三批制造业单项冠军企业和单项冠军产品名单。这些企业和产品是所在细分产品领域中具有市场影响力和技术独特性的典型，代表了当前我国制造业的先进水平。

四是主要产品价格回升，市场主体信心进一步增强。2018 年，全国工业生产产品出厂价格同比上涨 3.5%。③钢材综合价格指数平均为 115.8 点，同比增长 7.6%，处于相对高位；平板玻璃平均出厂价格同比上涨 3.8%；建材产品全年均价同比增长 10.5%，在上年企稳回升的基础上继续保持了上涨态势。④2018 年 3 月—2019 年 3 月国内钢材综合价格指数及同比增减见图 1-1。

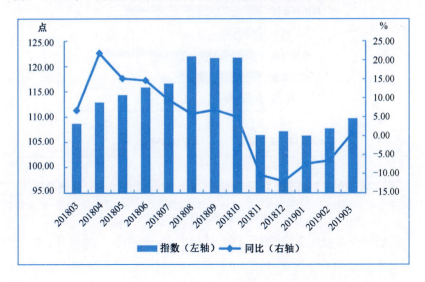

图 1-1　2018 年 3 月—2019 年 3 月国内钢材综合价格指数及同比增减

（数据来源：中国钢铁工业协会，2019，04）

①③数据来源：国家统计局。
②④数据来源：工业和信息化部。

二、创新驱动发展进一步巩固，高技术产业带动结构升级作用日益显著

一是从投资角度看，创新推动制造业投资快速增长。根据国家统计局公布的数据，2018 年全年制造业投资增速比 2017 年快 4.7 个百分点，工业技术改造投资同比增长 12.8%，高技术产业投资同比增长 14.9%，装备制造业投资继续保持两位数增长。2018 年制造业主要大类行业增加值增速和固定资产投资增速如图 1-2 所示。

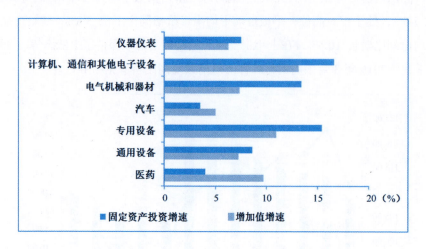

图 1-2　2018 年制造业主要大类行业增加值增速和固定资产投资增速

（数据来源：国家统计局，2019，04）

二是创新投入力度继续加大，创新扶持力度不断增强。2018 年，全国研究与试验发展（R&D）经费支出比 2017 年增长 11.6%，与国内生产总值占比为 2.18%，比 2017 年提高 0.03 个百分点。截至 2018 年年底，国家科技成果转化引导基金累计设立 21 支子基金，资金总规模达到 313 亿元。国家科技重大专项扎实推进，工业强基工程稳步实施。

三是创新成果大量涌现。全年境内外专利申请比上年增长 16.9%，授予专利权增长 33.3%。AG600 水陆两栖飞机成功实现水上首飞，嫦娥四号探测器成功发射，北斗三号基本系统完成建设，我国地震立体观测体系首个天基平台"中意电磁监测试验卫星"成功发射，第二艘航母出海试航，港珠澳大桥正式通

车运营，[①]首批次政策效应持续显现，10 件创新创意作品（产品）获得中国优秀工业设计奖金奖。[②]

四是高技术产业规模不断扩大，对产业结构调整的引领带动作用不断增强。据国家统计局公布的数据，全年规模以上工业中，战略性新兴产业增加值比上年增长 8.9%。高技术制造业、装备制造业增加值分别同比增长 11.7% 和 8.1%，占规模以上工业增加值的比重分别为 13.9% 和 32.9%。

三、产业布局优化持续推进，区域协同发展水平稳步提升

一是共建"一带一路"取得积极成效。2018 年"一带一路"建设进入全面务实合作新阶段，双向合作不断深化。全年与"一带一路"沿线国家的贸易额达到 1.3 万亿美元，增长 16.3%，高于外贸整体增速 3.7 个百分点；对沿线国家进出口占外贸总值的比重升至 27.4%。2018 年，我国企业在"一带一路"对沿线 56 个国家非金融类直接投资额达 156.4 亿美元，同比增长 8.9%，占同期总额的 13%，主要投向新加坡、老挝、越南、印度尼西亚、巴基斯坦、马来西亚、俄罗斯、柬埔寨、泰国和阿联酋等国家。对外承包工程方面，我国企业在沿线国家新签对外承包工程项目合同 7721 份，新签合同额 1257.8 亿美元，占同期我国对外承包工程新签合同额的 52%；完成营业额 893.3 亿美元，占同期总额的 52.8%。[③]"一带一路"成为中国带动整个欧亚地区发展的重要引擎。

二是京津冀协同发展取得阶段性成效。政策方面，北京市出台《推进京津冀协同发展 2018—2020 年行动计划》，从交通、产业、生态等多个方面提出未来三年京津冀协同发展蓝图。产业方面，京津冀坚持优势互补，着力打造创新共同体和市场共同体，激发区域经济发展内生动力。北京市"高精尖"经济结构正在逐步构建，天津市先进制造业、现代服务业实现快速发展，河北省产业结构调整步伐明显加快，三省市正在分别向"瘦身提质""强身聚核""健身增效"的发展目标加快迈进。[④]

三是长江经济带推动产业梯度转移。各地区各部门深入贯彻《关于加强长江经济带工业绿色发展的指导意见》，加大生态修复和污染治理，倒逼产业转

---

① 资料来源：国家统计局。

② 资料来源：工业和信息化部。

③ 数据来源：商务部。

④ 数据来源：2018 京津冀协同发展论坛。

型升级和经济结构调整，重点培育电子信息、高端装备、汽车产业、家电产业和纺织服装五大世界级产业集群。2018 年 1 月至 9 月，长江经济带沿江 11 省市地区生产总值同比增长 7.5%，占全国比重达 44.1%，比 2016 年和 2017 年分别提高 0.9 个和 0.4 个百分点，①经济发展步伐更加强劲。

四、新业态新模式加快成长，新旧动能转化提速

2018 年，两化融合进入发展快车道，带来了新业态新模式的快速成长，助推制造业转型升级、提质增效。

一是新业态新模式推动相关行业增加值快速增长。根据国家统计局相关数据，2018 年，信息传输、软件和信息技术服务业，租赁和商务服务业，交通运输、仓储和邮政业增加值分别同比增长 30.7%、8.9% 和 8.1%，增速领先于其他行业，增加值占 GDP 的比重分别为 3.6%、2.7% 和 4.5%，同比有所提高或持平。这三个行业合计拉动 GDP 增长 1.7 个百分点，比 2017 年提高 0.4 个百分点。

二是经济发展新动能指数逐步提升，经济活力不断释放。根据国家统计局相关数据，2015—2017 年，我国经济发展新动能指数分别同比增长 23.5%、26.9% 和 34.1%，经济发展新动能加速发展壮大；以电子商务为代表的网络经济对经济发展的助推作用更加显著。互联网平台推动智慧零售、跨界零售等新消费模式异军突起。2017 年，全国网上零售额增速高出全社会消费品零售总额 22.0 个百分点。据测算，2018 年，网络经济指数高达 605.4 点，比 2017 年大幅增长 67.2%，对经济发展新动能指数增长的贡献率为 80.8%，贡献最大。

三是智能化产品加快市场化布局。2018 年新能源汽车产量 115 万辆，同比增长 66.2%；智能电视产量 11376 万台，同比增长 17.7%。此外，服务机器人、生物基化学纤维、服务器、太阳能电池、3D 打印设备等产量也保持了快速增长。随着工业互联网平台、工业大数据、人工智能、工业云等新型工业基础设施加快构建，以及"互联网+"带来的共享经济、平台经济、数字经济的广泛渗透，制造业数字化、网络化、智能化水平将稳步提升，加速形成产业发展新动能，推动制造业转型升级。2015—2017 年经济发展新动能指数、分类指数、增速及贡献率见表 1-1。

---

① 数据来源：中央人民政府网。

表 1-1　2015—2017 年经济发展新动能指数、分类指数、增速及贡献率

指标	2015 年		2016 年		2017 年	
	指数值	贡献率（%）	指数值	贡献率（%）	指数值	贡献率（%）
经济发展新动能指数	123.5	100	156.7	100	210.1	100
知识能力	112.6	18.2	125.1	16	128.5	12.2
经济活力	144.4	23.4	205.5	26.2	284.3	27.1
创新驱动	113.5	18.4	126.3	16.1	143.3	13.6
网络经济	137.3	22.2	202.2	25.8	362.1	34.5
转型升级	109.7	17.8	124.3	15.9	132.3	12.6

数据来源：国家统计局，2019 年 4 月。

五、改革开放取得瞩目成就，企业发展环境持续优化

一是"放管服"改革持续深入。出台《市场准入负面清单（2018 年版）》，市场准入负面清单制度全面实施，行政审批流程进一步简化，依法行政水平持续提升，移动通信转售业务转为正式商用，中国联通混改方案落地实施。改革红利和市场活力不断释放，营商环境不断优化。根据世界银行发布的《2019 年营商环境报告》，2018 年，我国营商环境在 190 个经济体中位列第 46 位，比 2017 年提升了 32 个位次。

二是对外开放程度进一步提高。取消船舶、飞机等重大技术装备等领域外资持股比例限制，明确汽车行业对外资全面开放的时间表，一般制造业实现全面对外开放。上海自贸区电信开放政策推广至所有自贸区。2018 年制造业实际使用外资同比增长 22.9%（以美元计价），[①]占全部利用外资总额的 30.5%；高技术制造业实际使用外资增长 35.1%（以人民币计价）。[②]我国成功举办首届中国国际进口博览会。博鳌亚洲论坛 2018 年年会、上海合作组织青岛峰会、2018 年中非合作论坛北京峰会等重大会议也取得圆满成功。2008—2017 年制造业实际利用外商直接投资金额如图 1-3 所示。

---

① 数据来源：工业和信息化部。

② 数据来源：国家统计局。

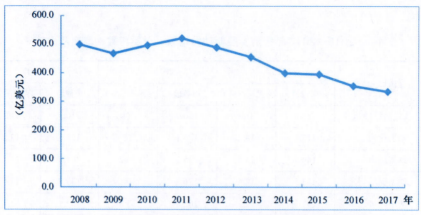

图 1-3　2008—2017 年制造业实际利用外商直接投资金额
（数据来源：国家统计局，2019，04）

三是对中小企业的扶持力度不断加大。根据工业和信息化部披露的数据，截至 2018 年 12 月中旬，国家中小企业发展基金实体子基金已完成投资项目 208 个，累计投资金额 60.5 亿元。2018 年，规模以上中小工业企业增加值同比增长 6.7%，高于工业经济整体增速。

专题篇

第二章

优化产业组织结构

2018 年，我国继续促进产业组织结构优化，稳妥推进混合所有制改革，加大"僵尸企业"破产清算和重整力度，促进股市健康发展，加快发展中小企业和大中小企业融通发展，推动对外投资精细化、便利化，促进工业企业经济效益、资产配置效益有所提升。由于 2018 年我国正处于转换增长动力的攻关期、国际上贸易保护主义加剧、多国加大对中国并购审查力度，导致我国优化产业组织结构面临诸多问题和挑战。

第一节　2018 年企业兼并重组的基本情况

一、优化产业组织结构政策进展

（一）促进股市健康发展

2018 年 10 月 19 日，国务院副总理刘鹤就当前经济金融热点问题接受采访时宣布：允许银行理财子公司对资本市场进行投资；制定《证券期货经营机构私募资产管理业务管理办法》，完善上市公司股份回购制度，深化并购重组市场化改革，推进新三板制度改革，加大对科技创新企业上市的支持力度；加大保险资金财务性和战略性投资优质上市公司力度；推动国有企业在资本市场进行混合所有制改革，支持行业龙头民营企业进行产业兼并重组，推出民营企业债券融资支持计划及股权融资支持计划；加快银行、证券、保险等领域的开放。[①]2018 年 10 月 20 日，国务院金融稳定发展委员会防范化解金融风险第十

---

① 新华社：《刘鹤就当前经济金融热点问题接受采访》，2018 年 10 月 19 日，见 https://finance.sina.com.cn/review/jcgc/2018-10-19/doc-ihmrasqs4414522.shtml。

次专题会议强调，2018 年 10 月 19 日对外宣布的稳定市场、完善市场基本制度、鼓励长期资金入市、促进国企改革和民企发展、扩大开放五方面政策，要快速扎实地落实到位。①

（二）深化国资国企改革

2018 年政府工作报告要求，推进国资国企改革，继续推进国有企业优化重组和央企股份制改革，加快形成有效制衡的法人治理结构和灵活高效的市场化经营机制，推动国有资本做强做优做大，稳妥推进混合所有制改革。为规范上市公司国有股权变动行为，推动国有资源优化配置。2018 年 5 月 16 日，国资委、财政部、证监会联合印发了《上市公司国有股权监督管理办法》。

（三）促进中小企业发展

2018 年 1 月 1 日起施行的《中华人民共和国中小企业促进法（2017 修订）》就财税支持、融资促进、创业扶持、创新支持、市场开拓、服务措施、权益保护及监督检查等相关要点做了明确法律规定，为中小企业健康发展提供了有力的法律保障。同为 2018 年 1 月 1 日起施行的《中华人民共和国反不正当竞争法》对不正当竞争行为及其调查和相关的法律责任作出了明确规定，为鼓励和保护公平竞争创造了良好的环境和条件。

（四）促进大中小企业融通发展

2018 年 11 月 21 日，工业和信息化部、国家发展和改革委员会、财政部、国务院国有资产监督管理委员会四部门印发了《促进大中小企业融通发展三年行动计划》，提出构建大中小企业深度协同、融通发展的新型产业组织模式。在智能制造、高端装备制造领域形成 10 个左右带动能力突出、资源整合水平高、特色鲜明的大企业。发挥大企业引领支撑作用，重构产业组织模式，推动中小企业高质量发展，形成融通发展的格局。用三年时间培育 600 家专精特新"小巨人"和一批制造业单项冠军企业；2018 年培育 100 家左右专精特新"小巨人"企业。到 2021 年，形成大企业带动中小企业发展、中小企业为大企业注入活力的融通发展新格局。

---

② 中国政府网：《国务院金融稳定发展委员会召开防范化解金融风险专题会议》，2018 年 10 月 21 日，见 http://politics.people.com.cn/n1/2018/1021/c1001-30353582.html。

（五）推动对外投资精细化、便利化

2018 年 1 月 18 日，商务部等七部门联合印发《对外投资备案（核准）报告暂行办法》，明确了境内投资主体在境外设立（包括兼并、收购及其他方式）企业前向有关主管部门履行备案（核准）手续和信息报告的相关程序和要求。2018 年 1 月 31 日，国家发改委发布了《境外投资敏感行业目录（2018 年版）》，提示境外投资敏感行业。2018 年 4 月 10 日，国家发改委等六部门联合印发了《关于引导对外投融资基金健康发展的意见》，以加快培育国际经济合作竞争新优势。上述政策为中资企业海外并购提供了更加精细化、便利化的支持。

二、工业企业兼并重组概况[①]

2018 年政府工作报告指出，国企国资改革扎实推进，公司制改革基本完成，兼并重组、压减层级、提质增效取得积极进展。日均新设企业达 16 000 多户，各类市场主体达到 9 800 多万户。

工业企业数量略有减少。2018 年年底，全国工业企业合计 37 8440 个，减少 6 929 个，同比减少 1.8%。按登记注册类型分，各注册类型工业企业数量均有所减少。2018 年年底，国有、国有控股、集体、股份合作、股份制、私营、外商及港澳台投资、其他工业企业分别为 1 836 个、18 670 个、1 675 个、772 个、312 839 个、220 628 个、47 736 个和 13 582 个，分别同比减少 22.6%、0.7%、20.7%、19.8%、0.5%、0.8%、4.4%和 13.7%。国有企业数量减少最多。

按企业规模分，大中型工业企业和小型工业企业数量均明显减少，小型工业企业占比有所提高。2018 年年底，全国大中型工业企业和小型工业企业各 58 881个和 319 559个，分别占工业企业总数的 15.6%和 84.4%。相对 2017 年，大中型工业企业减少 3 819 个，同比减少 6.1%，占工业企业总数的比例下降 0.7 个百分点；小型工业企业减少 3 110 个，同比减少 1.0%，占工业企业总数的比例提高 0.7 个百分点。大中型国有控股工业企业 7 034 个，占工业企业总数的 1.9%，相对 2017 年，减少 505 个，同比减少 6.7%。

中央企业公司制改革全面完成。我国中央企业公司制改革已全面完成，已有 83 家中央企业建立了规范的董事会，有 46 家中央企业对 3 300 多名经理实现了契约化管理，在控股的 81 家上市公司中实行了股权激励。[②]2018 年年底，

---

① 如无特别说明，原始数据均来源于国家统计局，赛迪智库分析整理。

② 新华社：《央企公司制改革全面完成》，2019 年 3 月 28 日，见 http://www.sasac.

国资委新增 11 家中央企业国有资本投资公司试点，中央企业"两类公司"试点数量已扩至 21 家。①

地方国资国企改革进展明显。江苏 2018 年全年清理"僵尸企业"56 家，118 家"僵尸企业"全部出清，200 多家（项）"劣势企业"和"低效无效企业"参股投资退出。陕西 "三供一业"分离移交已完成移交 95.99%。山东省 2018 年推动国有资本向"十强"产业和基础设施集聚，港口、机场、汽车、铁路、文旅、医养健康等领域国有资本重组整合取得实质进展。江西 2018 年国资国企混改率达到 73.5%，处于全国领先地位。②

三、上市公司兼并重组进展③

上市公司并购大幅增长。2018 年，共完成并购 16 128 家次，同比增长 283.4%；交易总金额 143 828.3 亿元，同比增长 759.4%。

境外并购翻了 11 番多，占比超一半。2018 年，上市公司境内并购 7130 家次，交易金额 13 617.5 亿元，分别占并购总量的 44.2% 和 9.5%，分别同比增长 75.2% 和 0.4%。出境并购 206 家次，交易金额 3156.2 亿元，分别占并购总量的 1.3% 和 2.2%，分别同比增长 87.3% 和 19.9%。入境并购 40 家次，交易金额 1 276.5 亿元，分别占并购总量的 0.2% 和 0.9%，分别同比增长 300.0% 和 489.9%。境外并购 8752 家次，交易金额 125 773.2 亿元，分别占并购总量的 54.3% 和 87.4%。

在十大并购事件中制造业并购占一半。中国并购公会等机构联合评选出的 2018"中国十大并购"④中，制造业并购占一半，按事件时间顺序分别为北汽新能源"借壳"登陆 A 股、吉利集团收购戴姆勒 9.69% 股份、盈峰环境收购中

---

gov.cn/n2588025/n2588139/c10833040/content.html。

① 经济日报：《如何落实〈政府工作报告〉目标 国资国企改革加快推进》，2019 年 4 月 10 日，见 http://www.sasac.gov.cn/n2588025/n2588139/c10933311/content.html。

② 国资报告 王倩倩：《2018 年地方国资国企改革进展如何？请看这份分析报告》，2019 年 4 月 12 日，见 http://www.sasac.gov.cn/n2588025/n2588164/n4437287/c10997235/content.html。

③ 数据来源于 Wind 数据库。

④ 中国并购公会：《2018"中国十大并购"评选重磅揭晓》，2019 年 1 月 15 日，见 http://www.ma-china.com/show.asp?id=1424。

联环境、上海莱士并购海外血液制品产业链公司、安踏收购芬兰亚玛芬集团，其中海外并购涉及汽车制造、健康产业和消费品等领域。

四、固定资产投资格局调整不断深化

固定资产投资总体回落，私营企业投资有所增长。2018 年全部固定资产投资额（不含农户）累计增长 5.9%，比 2017 年回落 1.3 个百分点。其中内资固定资产投资额累计增长 6.5%，比 2017 年回落 1.2 个百分点。国有及国有控股、国有、集体、股份合作和其他企业固定资产投资额分别累计增长 1.9%、−2.6%、−19.6%、−28.3%和 0，分别比 2017 年回落 8.2 个百分点、11.6 个百分点、6.4 个百分点、18 个百分点和 9.3 个百分点。股份有限公司、私营企业固定资产投资额分别累计增长 0 和 25.3%，分别比 2017 年提高 2.5 个百分点和 14.1 个百分点。

联营企业固定资产投资仍为负增长，集体联营企业投资大幅增长。2018 年联营企业固定资产投资额累计增长−11.5%，比 2017 年回落 7.8 个百分点。其中国有联营企业、国有与集体联营企业固定资产投资额分别累计增长−22.1%和−53.5%，分别比 2017 年回落 5.8 个百分点和 20.7 个百分点，集体联营企业、其他联营企业固定资产投资额分别累计增长 36.6%和 12.1%，分别比 2017 年提高 35.1 个百分点和 37.1 个百分点。

有限责任公司类企业固定资产投资增长由正转负。2018 年有限责任公司类企业固定资产投资额累计增长−0.4%，比 2017 年回落 5.7 个百分点。其中国有独资公司、其他有限责任公司类企业固定资产投资额分别累计增长−9.5%和−3.1%，分别比 2017 年回落 12.6 个百分点和 5.0 个百分点。

港澳台商投资企业固定资产投资持续负增长。2018 年港澳台商投资企业固定资产投资额累计增长−11.5%，比 2017 年下降 7.5 个百分点。其中合资、独资和股份有限公司类企业固定资产投资额分别累计增长−8.8%、−11.9%和−23%，分别比 2017 年下降 4.3 个百分点、6.5 个百分点和 35.2 个百分点。合作固定资产投资额累计增长 1.1%，比 2017 年提高 6.0 个百分点。

外商投资企业固定资产投资由负转正，股份有限公司类企业投资大幅增长。2018 年外商投资企业固定资产投资额累计增长 6.1%，比 2017 年提高 8.8 个百分点。其中合资、独资和股份有限公司类企业固定资产投资额分别累计增长 0.1%、9%和 96.1%，分别比 2017 年提高 1.5 个百分点、9.8 个百分点和 114.9 个百分点。合作固定资产投资额累计增长−41.7%，比 2017 年下降 21 个百分点。

个体经营企业固定资产投资额大幅下滑。2018 年个体经营固定资产投资额累计增长−9.3%，比 2017 年下降 14.5 个百分点。其中个体户和个人合伙企业固定资产投资额分别累计增长–2.1%和–31%，分别比 2017 年下降 8.9 个百分点和 31.8 个百分点。2017—2018 年按登记注册类型分固定资产投资额累计增长对比见图 2-1。

制造业固定资产投资增幅提高。2018 年制造业固定资产投资额累计增长 9.5%，比 2017 年提高 4.7 个百分点。

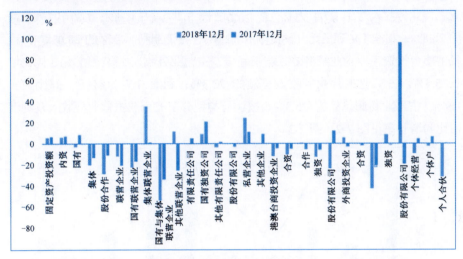

图 2-1　2017—2018 年按登记注册类型分固定资产投资额累计增长对比

（资料来源：国家统计局）

第二节　2018 年企业兼并重组效果评估

企业兼并重组可对资源配置和企业质量效益产生明显影响。因此，对不同注册类型的企业，其经济效益和资产配置效益变化可间接反映企业兼并重组效果。

一、工业企业经济效益增幅下降

工业企业经济效益增长趋缓。2018 年工业企业主营业务收入和利润总额为 102.224 万亿元和 6.635 万亿元，同比增长 8.5%和 10.3%，分别比 2017 年回落 2.6 个百分点和 10.7 个百分点。

工业企业经济效益总体较好，国有控股工业企业经济效益明显好转。2018 年股份制工业企业经济效益延续 2017 年的良好增长势头，主营业务收入达 72.8 万亿元，同比增长 9.7%，占工业主营业务收入总额的 71.2%；利润达 4.7 万亿元，增长最快，同比增长 14.4%，占工业利润总额的 70.8%。私营工业企业经济效益同样快速增长，主营业务收入达 30.6 万亿元，同比增长 8.4%，占工业主营业务收入总额的 30.0%；利润达 1.7 万亿元，同比增长 11.9%，占工业利润总额的 25.8%。国有工业企业主营业务收入增长最快，但利润下降，主营业务收入达到 4.1 万亿元，同比增长 11.4%，占工业主营业务收入总额的 4.1%；但利润仅 0.2 万亿元，同比下降 5.7%，占工业利润总额的 2.7%。国有控股工业企业主营业务收入达到 27.4 万亿元，同比增长 9.2%，占工业主营业务收入总额的 26.8%；利润 1.9 万亿元，同比增长 12.6%，占工业利润总额的 28.0%。外商及港澳台投资工业企业经济效益增长趋缓，主营业务收入 23.9 万亿元，同比增长 5.4%，占工业主营业务收入总额的 23.3%；利润 1.7 万亿元，同比增长 1.9%，占工业利润总额的 25.3%。按注册类型分工业企业主营业务收入及利润占比和增长率见图 2-2、图 2-3。

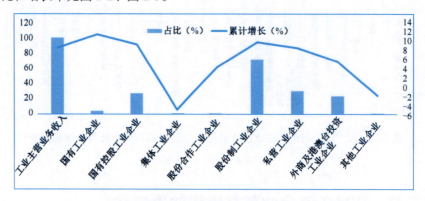

图 2-2　按注册类型分工业企业主营业务收入占比和增长率

（资料来源：国家统计局）

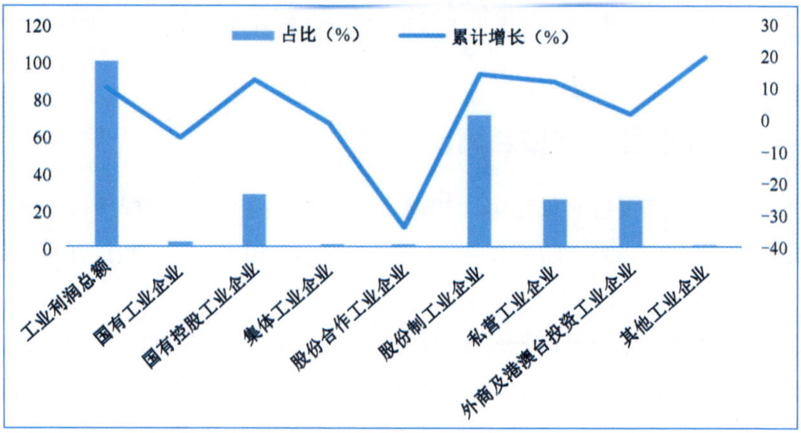

图 2-3　按注册类型分工业企业利润占比和增长率

（资料来源：国家统计局）

私营企业和股份合作企业增加值增长明显，国有企业和外资企业增加值有所下降。2018 年 1—12 月，私营企业增加值累计增长由 2017 年的 5.9%提高到 6.2%，股份合作企业增加值累计增长由 2017 年的–4.6%提高到 1%，股份制企业增加值累计增长 6.6%，与 2017 年持平。国有企业及国有控股企业、集体企业、外商及港澳台投资企业增加值累计增长分别由 2017 年的 6.5%、0.6%和 6.9%下降到 6.2%、–1.2%和 4.8%，分别比 2017 年下降 0.3 个、1.8 个和 2.1 个百分点。2017—2018 年不同注册类型工业企业增加值累计增长率见图 2-4。

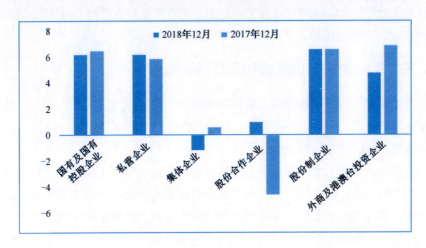

图 2-4　2017—2018 年不同注册类型工业企业增加值累计增长率

（资料来源：国家统计局）

大中型工业企业经济效益明显增长。2018 年大中型工业企业加快兼并重组，企业总数进一步减少，经济效益增长明显。大中型工业企业主营业务收入和利润分别为 67.5 万亿元和 4.8 万亿元，累计增长 8.7%和 9.8%。其中大中型国有控股工业企业主营业务收入和利润分别为 24.5 万亿元和 1.6 万亿元，分别占大中型工业企业主营业务收入和利润的 36.3%和 34.5%，分别累计增长 8.9%和 11.2%。

二、工业企业资产配置效益略有增长

工业企业资产配置效益略有增长。由于工业企业主营业务收入增速低于 2017 年，导致百元资产主营业务收入有所下降。2018 年工业企业百元资产主营业务收入 90.1 元，同比增长 2.314%。

资产配置效益国有控股工业企业最低，私营工业企业最高。2018 年除其他工业企业外，国有工业企业、国有控股工业企业、集体工业企业、股份合作工业企业、股份制工业企业、私营工业企业、外商及港澳台投资工业企业、百元资产主营业务收入分别为 63.4 元、62.2 元、108.8 元、113.4 元、87.2 元、128元、106.3 元，分别同比增长 5.978%、5.018%、6.135%、-8.242%、3.185%、1.670%和-0.438%。国有控股工业企业、国有工业企业和股份制工业企业百元资产主营业务收入不足百元，资产配置效益列后三位。国有及国有控股工业企业资产配置效益接近私营企业一半。

大中型工业企业和大中型国有控股工业企业资产配置效益较低。2018 年大中型工业企业和大中型国有控股工业企业百元资产主营业务收入分别为 83.8 元和 65.2 元，分别同比增长 2.437%和5.172%。

三、工业企业平均规模和盈利增长明显

工业企业平均主营业务收入和利润规模均有提高。2018 年在工业企业总数量减少的情况下，平均主营业务收入和利润分别为 2.701 亿元和0.175 亿元，分别同比增长 10.496%和12.351%。

国有工业企业平均主营业务收入规模最大，股份合作工业企业平均主营业务收入规模最小；国有控股工业企业平均利润最高，股份合作工业企业平均利润最低；国有工业企业主营平均业务收入增长最快，私营企业平均主营业务收入增长最慢；集体工业企业平均利润增长最快，股份合作工业企业平均利润大幅下滑。2018 年国有工业企业、国有控股工业企业、集体工业企业、股份合作工业企业、股份制工业企业、私营工业企业、外商及港澳台投资工业企业平均主营业务收入分别为 22.566 亿元、14.663 亿元、1.125 亿元、0.978 亿元、2.327亿元、1.389 亿元和 4.997 亿元，分别同比增长 43.938%、9.958%、19.745%、29.804%、10.158%、9.281%和 10.153%。国有工业企业、国有控股工业企业、集体工业企业、股份合作工业企业、股份制工业企业、私营工业企业、外商及港澳台投资工业企业平均利润分别为 0.989 亿元、0.995 亿元、0.061 亿元、0.030 亿元、0.150 亿元、0.078 亿元和 0.351 亿元，分别同比增长 21.862%、13.432%、24.809%、-17.648%、14.938%、12.806%和6.509%。

大中型工业企业和大中型国有控股工业企业平均主营业务收入和平均利润均增长较快。2018 年大中型工业企业平均主营业务收入和平均利润分别为11.470 亿元和0.809 亿元，分别同比增长 15.8%和16.9%。大中型国有控股工业企业平均主营业务收入和平均利润分别为 34.864 亿元和 2.337 亿元，分别同比增长 16.7%和19.2%。

四、工业企业国际竞争能力不断提升

"世界 500 强"中国企业上榜数量连续 15 年增长。"世界 500 强"中国上榜公司数量，2016 年 110 家，2017 年 115 家，2018 年达到 120 家，已连续第十五年增长；而美国"世界 500 强"企业数量继续减少，2016 年 134 家，2017 年 132 家，2018 年则 126 家。中美两国"世界 500 强"上榜公司数量已较为接近，远超排名第三的日本（52 家）。

排名上升最快的企业主要来自中国。2018 年排名位次变化上，整个榜单排名跃升最快的前 10 家企业中有 8 家来自中国。其中上升最快的是国家能源投资集团，跃升 175 位。另外 7 家是：阿里巴巴（上升 162 位）、腾讯（上升 147 位）、山东能源集团（上升 138 位）、厦门国贸（上升 134 位）、美的（上升 127 位）、厦门建发（上升 126 位）和碧桂园（上升 114 位）。[①]

制造业和通信业上榜企业仍主要集中在互联网服务、汽车和家电等领域。信息和通信行业创新溢出效应最明显，体现在世界 500 强排名上，就是来自中美两国的所有互联网服务企业排名均大幅提升，如京东、阿里巴巴、腾讯、亚马逊、谷歌母公司 Alphabet、Facebook 等。中国企业腾讯、华为、美的和台积电表现出色，例如，华为排名从 83 位上升到 72 位，腾讯控股有限公司利润率最高，超过 30%。汽车制造领域，中国有 7 家企业上榜，美国仅剩通用汽车和福特两家。吉利汽车在过去一年跨越百万辆销量门槛，销量增幅和榜单排名跃升幅度上均处于国内行业首位。

第三节　面临的问题与挑战

一、工业与通信业龙头企业国际竞争力不足

2018 年"世界 500 强"中，我国制造业和通信业上榜企业延续 2017 年的问题，数量少、规模小、盈利弱、比重低、排名靠后。2018 年虽然我国在上榜公司数量上进一步接近美国，但主营业务规模和盈利能力仍远低于美国。汽车上榜企业排名不高，互联网服务领域上榜企业数量与美国相同，但排名依然靠后。美国上榜企业中，在 IT、生命健康和食品等相关领域存在众多上榜公司，没有房地产、工程建筑和金属冶炼企业；我国正好相反，所有上榜的房地产企业均来自我国。同时，比较近几年数据发现，上榜中国企业销售收益率和净资

---

① 财富中文网：《2018 年世界 500 强 120 家中国上榜公司完整名单》，2018 年 7 月 19 日，见 http://www.fortunechina.com/fortune500/c/2018-07/19/content_311045.htm。

产收益率两指标已处在下行通道上，说明我国企业竞争力提升不理想。

二、多国加大对中国并购审查力度

中国制造企业加快走出去，以高端制造、智能制造为海外并购重点，并购规模屡创新高背景下，外国监管部门对中国投资并购审查日益严格，尤其在高新科技、战略性新兴产业、基础能源等领域的审查更加严格。如美国政府通过"FIRRMA 法案"，进一步扩大"CFIUS 权限"，加强对中资背景企业收购审查力度；德国联邦金融监管局开始认为吉利购买戴姆勒股票有违规嫌疑，后结束调查并作出不罚款的通知。总体上，一些国对中国企业大规模跨国并购均持审慎态度，审查监管更加严格，无疑增加了跨国并购的难度和风险。

三、国有企业资产配置效益仍然不高

2018 年我国国有及国有控股工业企业资产配置效益增速高于私营企业，但仍仅及私营企业资产配置效益一半，国有控股工业企业资产配置效益最低。大中型工业企业和大中型国有控股工业企业资产配置效益虽略有增长，但总体仍不高。大中型国有控股工业企业资产配置效益仅略高于私营企业的一半。这说明我国国有及国有控股工业企业在大力推进混合所有制改革的同时，资源配置能力和水平并没有得到同步提高，资源配置效率长期未得到改善。

第三章

促进产业技术升级

2018 年中央经济工作会指出，要增强制造业技术创新能力，构建开放、协同、高效的共性技术研发平台，健全需求为导向、企业为主体的产学研一体化创新机制，抓紧布局国家实验室，重组国家重点实验室体系，加大对中小企业创新支持力度，加强知识产权保护和运用，形成有效的创新激励机制。要提升产业链水平，注重利用技术创新和规模效应形成新的竞争优势，培育和发展新的产业集群。2018 年政府工作报告指出，要围绕推动制造业高质量发展，强化工业基础和技术创新能力，促进先进制造业和现代服务业融合发展，加快建设制造强国；要打造工业互联网平台，拓展"智能+"，为制造业转型升级赋能。

由此可见，产业技术升级和创新发展已经上升至国家战略高度，成为国民经济发展的关键之举，成为新时期建设现代化经济体系的重要引擎。推动产业技术不断升级是推动我国产业结构优化升级、不断增强我国经济创新力和竞争力的重要途径。

第一节 2018 年产业技术升级促进政策解析

一、推进产业技术升级的政策情况

2018 年，围绕贯彻落实《国务院关于深化制造业与互联网融合发展的指导意见》《产业技术创新能力发展规划（2016—2020 年）》等，我国产业技术升级政策重点集中发力。我国推进供给侧结构性改革，围绕重点产业，从解决产业创新能力不强、关键核心技术受制于人、产业共性技术供给不足、创新成果产业化不畅等问题的角度出发，进一步制定出台了一系列配套政策，积极发挥产业技术研发应用对创新驱动的引领和支撑作用，增强关键环节和重点领域的创新能力，实现中国制造向中国创造转变。

2018 年中央政府部门推动产业升级的主要政策见表 3-1。

表 3-1　2018 年中央政府部门推动产业技术升级的主要政策

序号	发布时间	发布部门	文件名称
1	2018 年 6 月	工业互联网专项工作组	关于印发《工业互联网发展行动计划（2018—2020 年）》和《工业互联网专项工作组 2018 年工作计划》的通知
2	2018 年 7 月	工业和信息化部	工业和信息化部关于印发《推动企业上云实施指南（2018—2020 年）》的通知
3	2018 年 11 月	工业和信息化部 国家发展和改革委员会 财政部 国务院国有资产监督管理委员会	四部门关于印发《促进大中小企业融通发展三年行动计划》的通知
4	2018 年 9 月	国务院	《关于推动创新创业高质量发展打造"双创"升级版的意见》
5	2018 年 7 月	国务院	国务院《关于优化科研管理提升科研绩效若干措施的通知》
6	2018 年 1 月	国务院	国务院《关于全面加强基础科学研究的若干意见》
7	2018 年 1 月	国务院	国务院《关于加强质量认证体系建设促进全面质量管理的意见》
8	2017 年 11 月	国家发展和改革委员会	《增强制造业核心竞争力三年行动计划（2018—2020 年）》

数据来源：赛迪智库整理。

二、重点政策分析

（一）重点发展新一代人工智能产业

为贯彻落实制造强国战略和《新一代人工智能发展规划》，加快人工智能产业发展，推动人工智能和实体经济深度融合，2017 年 12 月工业和信息化部印发了《促进新一代人工智能产业发展三年行动计划（2018—2020 年）》，2018 年 11 月工业和信息化部出台了《新一代人工智能产业创新重点任务揭榜工作方案》。通过开展人工智能揭榜工作，聚焦"培育智能产品、突破核心基础、深化发展智能制造、构建支撑体系"等重点方向，突破人工智能产业发展短板瓶颈，树立领域标杆企业，培育创新发展的主力军，加快我国人工智能产业与实体经济深度融合，促进创新发展。人工智能揭榜工作主要特点：一是揭榜挂帅，探机制促创新；二是优中选优，树标杆育主力。三是聚焦重点，补短板攻难关；四是形成合力，聚资源共发展。在"揭榜工作方案"中，总计确定了智能网联汽车、智能服务机器人、智能无人机、神经网络芯片、开源开放平台、智能制造关键技术装备等 17 个揭榜方向。

（二）大力发展工业互联网，深入推进"互联网+先进制造业"

2017 年 11 月，国务院印发了《关于深化"互联网+先进制造业"发展工业互联网的指导意见》（以下简称"《意见》"），目的在于通过系统构建网络、平台、安全三大功能体系，打造人、机、物全面互联的新型网络基础设施，形成智能化发展的新兴业态和应用模式。2018 年 5 月，工业互联网专项工作组印发了《工业互联网发展行动计划(2018—2020 年)》和《工业互联网专项工作组 2018 年工作计划》，目标是到 2020 年年底，初步建成工业互联网基础设施和产业体系，初步形成有力支撑先进制造业发展的工业互联网体系，筑牢实体经济和数字经济发展基础。其主要任务包括基础设施能力提升行动、标识解析体系构建行动、工业互联网平台建设行动、核心技术标准突破行动、新模式新业态培育行动、产业生态融通发展行动、安全保障水平增强行动、开放合作实施推进行动八大行动计划。工业互联网发展行动计划（2018—2020）主要任务见表 3-2。

表 3-2　工业互联网发展行动计划（2018—2020 年）主要任务

主 要 任 务
（一）基础设施能力提升行动
（二）标识解析体系构建行动
（三）工业互联网平台建设行动
（四）核心技术标准突破行动
（五）新模式新业态培育行动
（六）产业生态融通发展行动
（七）安全保障水平增强行动
（八）开放合作实施推进行动

资料来源：赛迪智库整理。

（三）积极推动创新创业高质量发展

创新是引领发展的第一动力，是建设现代化经济体系的战略支撑。2018 年

9 月国务院印发了《关于推动创新创业高质量发展打造"双创"升级版的意见》（以下简称《意见》），就推动创新创业高质量发展、打造"双创"升级版提出具体要求。其中，在科技创新方面，为解决创新创业生态不够完善、科技成果转化机制尚不健全、大中小企业融通发展还不充分、创新创业国际合作不够深入及部分政策落实不到位等问题，《意见》提出深入推动科技创新支撑能力升级，主要包括增强创新型企业引领带动作用，推动高校科研院所创新创业深度融合，健全科技成果转化的体制机制。《意见》主要任务及措施见表 3-3。

表 3-3　《意见》主要任务及措施

主要任务	主要举措
（一）增强创新型企业引领带动作用	（1）加快建设一批国家产业创新中心、国家技术创新中心等创新平台； （2）建设科技联合体； （3）鼓励中小企业参与产业关键共性技术研究开发； （4）培育一批制造业单项冠军企业，壮大制造业创新集群。
（二）推动高校科研院所创新创业深度融合	（1）健全科技资源开放共享机制，鼓励科研人员面向企业开展技术开发、技术咨询、技术服务、技术培训等，促进科技创新与创业深度融合； （2）推动高校、科研院所与企业共同建立概念验证、孵化育成等面向基础研究成果转化的服务平台。
（三）健全科技成果转化的体制机制	（1）试点开展赋予科研人员职务科技成果所有权或长期使用权； （2）加强国家技术转移体系建设，鼓励高校、科研院所建设专业化技术转移机构； （3）鼓励有条件的地方按技术合同实际成交额的一定比例对技术转移服务机构、技术合同登记机构和技术经纪人（技术经理人）给予奖补。

资料来源：赛迪智库整理。

（四）加速技术转移，促进科技成果资本化产业化

2017 年 9 月，国务院印发了《国家技术转移体系建设方案》，加快建设和完善国家技术转移体系。加快建设和完善国家技术转移体系主要从技术转移的全过程、全链条、全要素出发，从基础架构、转移通道、支撑保障三个方面进行系统布局。争取到 2025 年全面建成结构合理、功能完善、体制健全、运行高效的国家技术转移体系。其中，优化国家技术转移体系基础架构主要包括激发创新主体技术转移活力、建设统一开放的技术市场、发展技术转移机构、壮大专业化技术转移人才队伍等任务；拓宽技术转移通道主要包括依托创新创业促进技术转移、深化军民科技成果双向转化、推动科技成果跨区域转移扩

散、拓展国际技术转移空间等任务；完善政策环境和支撑保障主要包括加强组织领导、抓好政策落实、加大资金投入、开展监督评估等任务。

（五）加快突破制造业重点领域关键技术实现产业化

2017 年年底，为加快发展先进制造业，推动互联网、大数据、人工智能和实体经济深度融合，突破制造业重点领域关键技术实现产业化，国家发展和改革委员会制定了《增强制造业核心竞争力三年行动计划（2018—2020 年）》。其主要目标为，争取到"十三五"末，重点领域制造业重点领域突破一批重大关键技术实现产业化，形成一批具有国际影响力的领军企业，打造一批中国制造的知名品牌，制造业创新能力明显提升、产品质量大幅提高、综合素质显著增强。增强制造业核心竞争力三年行动计划（2018—2020 年）主要任务及措施见表3-4。

表 3-4　增强制造业核心竞争力三年行动计划（2018—2020 年）主要任务及措施

重点领域	主　要　举　措
（一）轨道交通装备关键技术产业化	（1）发展高速、智能、绿色铁路装备； （2）发展先进适用城市轨道交通装备； （3）构建新型技术装备研发试验检测平台。
（二）高端船舶和海洋工程装备关键技术产业化	（1）发展高技术船舶与特种船舶； （2）发展海洋资源开发先进装备； （3）提升关键系统和核心部件配套能力； （4）提升研发制造基础能力。
（三）智能机器人关键技术产业化	（1）提升关键共性技术集成创新能力； （2）加快智能服务机器人推广应用； （3）研究布局新一代智能机器人； （4）推动典型领域示范应用。
（四）智能汽车关键技术产业化	（1）开展智能汽车基础共性技术研发； （2）开展智能汽车信息安全和测试评价技术攻关； （3）提升智能汽车关键软硬件水平； （4）加强智能汽车创新能力建设； （5）推进智能汽车军民融合发展。
（五）现代农业机械关键技术产业化	（1）加快高端农业装备研制和示范应用； （2）增强关键核心零部件供给能力； （3）推动农机加工制造技术升级； （4）提升产品试验检测和服务管理能力。

重点领域	主 要 举 措
（六）高端医疗器械和药品关键技术产业化	（1）加快高端医疗器械产业化及应用； （2）推动高端药品产业化及应用； （3）加强专业化技术服务平台建设。
（七）现代农业机械关键技术产业化	（1）加快先进金属及非金属关键材料产业化； （2）加快先进有机材料关键技术产业化； （3）提升先进复合材料生产及应用水平。
（八）制造业智能化关键技术产业化	（1）加强高端智能化系统研制应用； （2）提升产业基础支撑能力； （3）推动新一代信息技术与制造技术深度融合； （4）推进"互联网+"协同制造集成应用。
（九）重大技术装备关键技术产业化	（1）发展重大技术装备整机和成套设备； （2）提升重大技术装备关键零部件及工艺设备配套能力； （3）完善重大技术装备研发创新体系。

资料来源：赛迪智库整理。

第二节 2018 年产业技术升级的基本情况

一、总体情况

2018 年，随着促进产业技术改造升级和发展人工智能、工业互联网等一系列政策的颁布落实，产业技术创新已步入从跟跑为主转向跟跑和并跑、领跑并存的新阶段，一批企业进入国际市场第一方阵，成为国民经济持续健康发展的关键支撑，奠定了制造强国和网络强国建设的坚实基础，加快形成新动能。技术合同成交额增长 30%以上。科技进步贡献率提高到 58.5%。

二、取得的进展

（一）新动能加速成长壮大

我国新兴产业和先进制造业加速壮大，互联网、大数据、人工智能与实体经济融合持续深化。国家印发三年行动计划，启动实施一批试点示范项目，工业互联网提速发展。智能制造工程全面实施。两化融合管理体系贯标全面推广，重点行业骨干企业"双创"平台普及率超过 75%，制造业数字化转型步伐加快。涌现了一批服务型制造示范典型。

（二）人工智能等重点领域技术创新取得突破性成果

2018 年我国人工智能产业链逐步形成。在基础领域，地平线、寒武纪、深鉴科技等企业异军突起，开展芯片技术研发。在技术创新方面，格林深瞳、旷视科技等企业深耕计算机视觉，百度、搜狗、科大讯飞在自然语言处理领域较为领先。在应用方面，人工智能加速落地，京东将人工智能技术运用于零售消费的全系统、全流程、全场景；在供应端，京东发布人工智能平台，实现了智能算法的跨场景应用，每天的调用量突破12亿次。蚂蚁金服利用人工智能技术控制金融风险、提高金融效率、降低交易成本，提升了用户体验。

（三）工业互联网发展向纵深推进

工业互联网平台是工业互联网的中枢，基于云计算的开放式、可扩展的工业操作系统，向下接入海量设备，自身承载工业知识与微服务，向上支撑工业App 开发部署。目前我国已培育形成 50 余家具有一定影响力的工业互联网平台，部分平台工业设备连接数量超过 10 万套，涌现了一批创新工业 App 并实现商业化应用。

第三节　面临的问题与挑战

面对新的形势和需求，我国产业技术创新能力发展仍存在一些亟待解决的问题，主要表现在以下几个方面：一是企业创新能力仍然薄弱，尤其缺乏具有国际竞争力的创新型领军企业；二是科技成果转化机制尚不成熟；三是原始创新动力依然不足，制约不同性质和类型企业创新的体制机制障碍仍然存在，创新创业活力有待进一步加强；四是制造业技术升级面临严峻外部环境，存在一定的技术升级风险。

一、企业创新能力需要进一步加强

一是适应产业变革要求的新型产业创新体系还未形成，对企业技术创新的源头支持不足，创新链条和体系不完整，市场在产业技术创新中的基础性作用有待进一步发挥，国家层面的创新支撑服务体系尚不完善，产业各方对于产业共性关键技术的研发积极性不足，各类创新平台对于技术创新的支撑服务作用尚不明显。[①]

---

① 《产业技术创新能力发展规划（2016—2020 年）》（工信部规〔2016〕344 号）。

二是关键共性技术需进一步突破。在构建现代产业技术体系、加快转变发展方式、培育和发展战略性新兴产业、促进产业结构优化升级、增强自主创新能力和核心竞争力等关键环节中，产业关键共性技术具有应用基础性、关联性、系统性、开放性等特点，因其研究难度大、周期长，已成为制约我国产业健康持续发展和提升产业核心竞争力的瓶颈问题。

三是产业创新服务体系不完善，共性技术研发载体和战略性支撑能力不足，面向中小企业创新创业的服务机构和平台有待加强。

二、科技成果转化率较低

一是科技成果转化率比较低。多项数据表明，尽管中国的专利数量众多，但专利转化率不到 10%，而美国和日本的专利转化率分别为 70% 和 80%。专利转化实施不力已成为中国自主创新和产业升级的重要障碍，很多发明并没有转化为技术专利，技术专利也没有转化为产品，经济和科技两张皮的问题仍然比较突出，科技成果与市场的需求结合不紧密，科技成果转化的政策和机制有待进一步健全。

二是科研机构与产业化机构协同能力较差。我国创新资源重复分散，创新载体分散重复建设，资金、设备等创新资源配置的重复浪费现象严重，创新过程中的"孤岛现象"十分普遍，产学研用协同创新能力仍然不足。

三是产业核心关键技术受制于人的局面还没有得到根本改变，许多研发成果停留在实验室阶段或中试阶段。同时，很多产业处在价值链中低端，高端产业低端化现象明显。

三、原始创新动力依然不足

从整体上来看，我国创新上重集成创新、引进消化吸收再创新，造成我国在一系列核心关键技术上受制于人。同时，我国多数制造企业在国际产业链分工中仍处于"制造—加工—组装"的低技术含量和低附加值环节，创新能力不强。创新体系、技术创新能力与发达国家相比依然存在较大差距，部分关键核心技术及装备主要依赖进口，核心领域自主创新能力仍然需要进一步加强。尤其在高端产品创新设计方面，设计工具软件受制于人，设计方法和理念不够先进，创新设计能力较为薄弱。

四、制造业技术升级面临严峻外部环境

近年来，我国制造业正面临着"前有标兵、后有追兵"的局面，欧盟等发

达国家吸引制造业企业回流，东南亚等国家积极承接产业转移，步步紧逼，形势愈发严峻，对我国产业发展形成一定程度上的"围堵"。以轻工、纺织和电子信息等劳动密集型及出口导向型为代表的产业正加速向东南亚地区转移。同时部分产业链中高端环节的掌控能力还较弱，这对我国产业安全和就业稳定都造成一定程度上的冲击和威胁。从产业转移的演变趋势来看，新一轮科技革命与本次全球范围内产业转移交汇，全球价值链分工重塑；从国际形势和外部环境的变化来看，经贸摩擦加速产业向东南亚转移，企业积极寻找制造成本红利；从承接产业的地区来看，东南亚国家出台有针对性的政策，大力吸引外资投资建厂。

第四章

化解产能过剩矛盾和淘汰落后产能

    过剩产能和落后产能一般存在严重资源浪费和环境污染。积极开展化解产能过剩和淘汰落后产能工作，是推进供给侧结构性改革的主要内容和重要手段，也是促进产业转型升级的重要途径。2018 年，党中央、国务院在化解产能过剩矛盾和淘汰落后产能问题上，更加聚焦重点行业化解过剩产能和淘汰落后产能情况，统筹考虑，重点突破，基本实现了各行业化解过剩产能和淘汰落后产能的全年目标。进一步推进化解产能过剩矛盾和淘汰落后产能工作，需要坚持用市场化、法治化手段去产能，把处置"僵尸企业"作为重要抓手，把提高供给体系质量作为主攻方向，重点在"破""立""降"上下功夫，大力破除无效供给，扩大优质增量供给，实现供需动态平衡，促进相关行业持续健康发展。①

第一节　2018 年化解产能过剩矛盾和淘汰落后产能政策解析

    近年来，党中央、国务院积极谋划，针对化解产能过剩矛盾和淘汰落后产能的问题，不断出台新的政策措施，包括宏观层面上化解产能过剩矛盾和淘汰落后产能的相关政策，重点行业化解产能过剩矛盾和淘汰落后产能的工作计划

---

① 《关于做好 2018 年重点领域化解过剩产能工作的通知》（发改运行〔2018〕554 号），国家发展和改革委员会，2018 年 4 月 9 日。

及建立健全化解产能过剩矛盾和淘汰落后产能的长效机制等。随着化解产能过剩矛盾和淘汰落后产能工作的不断深化，特别是2017年工业和信息化部、国家发展和改革委员会、财政部、人力资源和社会保障部和国土资源部等十六部门联合发布《关于利用综合标准依法依规推动落后产能退出的指导意见》（工信部联产业〔2017〕30号）文件，各部门之间协同合作，过剩产能和落后产能退出机制高效运转的局面初步形成，政策体系构建并且逐步完善，重点行业去产能效果明显。2018年是贯彻党的十九大精神的开局之年，是改革开放40周年，是决胜全面建成小康社会、实施"十三五"规划承上启下的关键一年，在化解产能过剩矛盾和淘汰落后产能政策层面，呈现出更加聚焦重点领域的特点，重点领域化解产能过剩矛盾工作要求和举措更加明确。

一、化解产能过剩矛盾和淘汰落后产能的主要政策情况

化解产能过剩矛盾和淘汰落后产能不是一朝一夕的事情。针对本轮产能过剩的问题，党中央和国务院不断出台相关政策和具体工作部署，如《国务院关于进一步加强淘汰落后产能工作的通知》（国发〔2010〕7号）、《国务院关于化解产能严重过剩矛盾的指导意见》（国发〔2013〕41号）、《国家发展改革委 工业和信息化部关于坚决遏制产能严重过剩行业盲目扩张的通知》（发改产业〔2013〕892号）、《关于利用综合标准依法依规推动落后产能退出的指导意见》（工信部联产业〔2017〕30号）等重要文件。统筹部署化解产能过剩矛盾和淘汰落后产能工作，重点在于协调相关部门，积极履职尽责，在化解产能过剩矛盾和淘汰落后产能问题上形成合力，同向发力。

针对重点行业，党中央、国务院陆续出台了《关于钢铁行业化解过剩产能实现脱困发展的意见》（国发〔2016〕6号）、《关于煤炭行业化解过剩产能实现脱困发展的意见》（国发〔2016〕7号）、《关于做好2018年重点领域化解过剩产能工作的通知》（发改运行〔2018〕554号）等政策，以重点行业为突破，稳中求进不断深化供给侧结构性改革，在保证实现重点行业去产能年度目标和"十三五"去产能目标的基础上，逐步实现产业转型升级。

2018年工业和信息化部、国家发展和改革委员会、财政部等多部门关于化解产能过剩矛盾和淘汰落后产能的重点政策主要集中在五个方面：坚持用市场化、法治化手段去产能，把处置"僵尸企业"作为重要抓手，把提高供给体系质量作为主攻方向，重点在"破""立""降"上下功夫，大力破除无效供给，扩大优质增量供给，实现供需动态平衡，保持价格基本稳定，降低实体经济成本；更加严格执行质量、环保、能耗、安全等法规标准，更加严格治理各

种违法违规行为，倒逼落后产能退出，坚决防止已经化解的过剩产能死灰复燃；将去产能与国企改革、兼并重组、转型升级、优化布局结合起来，加快优质产能释放，实现新旧动能转换和结构调整；科学把握去产能力度和节奏，保障市场供需总体平稳；稳妥有序推进职工分流安置，妥善处置企业资产债务，健全长效机制，促进相关行业持续健康发展。[①]

二、紧抓重点行业化解产能过剩矛盾和淘汰落后产能

2018 年 4 月，国家发展和改革委员会印发了《关于做好 2018 年重点领域化解过剩产能工作的通知》（发改运行〔2018〕554 号），认真总结 2016 年以来化解产能过剩矛盾和淘汰落后产能的工作进展，结合当下工作实际，提出要科学安排 2018 年化解过剩产能目标任务。

钢铁方面：2018 年退出粗钢产能 3000 万吨左右，基本完成"十三五"期间压减粗钢产能 1.5 亿吨的上限目标任务。

煤炭方面：力争化解过剩产能 1.5 亿吨左右，确保 8 亿吨左右煤炭去产能目标实现三年"大头落地"。

煤电方面：淘汰关停不达标的 30 万千瓦以下煤电机组。各地根据实际情况，依法依规清理整顿现有违规建设项目。各地严控新增产能规模，结合煤电规划建设风险预警等级，控制煤电规划建设节奏。各地加大超低排放和节能改造力度，中部地区具备条件的煤电机组要完成改造工作。

具体来讲，一是要持续深入推进钢铁去产能。各地巩固化解钢铁过剩产能成果，严禁新增产能，防范"地条钢"死灰复燃和已化解的过剩产能复产。各地坚持用市场化、法治化手段去产能，通过常态化严格执法和强制性标准实施，促使达不到有关标准和不符合产业政策的落后产能依法依规退出。各地严把钢铁产能置换和项目备案关，防止产能"边减边增"。各地着力推进钢铁企业兼并重组，合理高效利用废钢铁资源，进一步推动钢铁行业转型升级和结构优化。

二是要不断提高煤炭供给体系质量。由总量性去产能为主转向系统性去产能、结构性优产能为主。国家适当提高南方地区煤矿产能退出标准，严格治理各种违法违规行为，加强煤矿建设项目分类管理，坚决退出违法违规和不达标的煤矿，加快退出安全保障程度低、环保问题突出且整改不到位的煤矿。国家适应新形势新要求，加快北煤南运大通道建设，更多发挥北方优质先进产能作

[①] 《关于做好 2018 年重点领域化解过剩产能工作的通知》（发改运行〔2018〕554号），国家发展和改革委员会，2018 年 4 月 9 日。

用，统筹做好去产能和保供应相关工作，促进煤炭供需总体平衡和价格基本稳定。国家加快长效机制建设，强化产能置换指标交易等市场化手段，积极推进煤电联营和兼并重组，持续优化煤炭开发布局，大力推动转型升级，促进煤炭行业高质量发展。

三是要积极稳妥化解煤电过剩产能。各地立足实际情况，充分发挥市场调节和宏观调控作用，有力有序有效关停煤电落后产能，清理整顿违规建设项目，发布实施年度风险预警，严控各地新增煤电规模，规范自备电厂建设运行，合理安排应急备用电源，继续推进煤电超低排放和节能改造工作，促进煤电转型升级。

三、深入推进产业有序转移和转型升级

为贯彻落实党中央、国务院关于高质量发展和区域协调发展的决策部署，2018 年 12 月，工业和信息化部对《产业转移指导目录（2012 年本）》进行修订，形成《产业发展与转移指导目录（2018 年本）》（以下简称"《目录》"）。《目录》共分为五章。第一章"全国区域工业发展总体导向"按照西部、东北、中部、东部四大板块，分别提出了各板块的区域定位及原材料工业、装备制造业、消费品工业、电子信息产业发展的方向。第二章至第五章按照西部、东北、中部、东部四大板块各成一章。其中，每章的第一节"地区工业发展导向"提出了各板块的相关经济带（区），明确区域范围，并提出重点发展的产业门类，引导区域错位发展；第二节"优先承接发展的产业"提出各地重点承接、优先发展的产业及具体的承接地，产业和承接地按照优先次序进行排序；第三节"引导优化调整的产业"提出各地引导逐步调整退出的产业和引导不再承接的产业条目。

党中央、国务院高度重视产业转移工作，要求不断推进工业现代化、提高制造业发展水平，加快实施区域协调发展战略。《中共中央 国务院关于建立更加有效的区域协调发展新机制的意见》指出："推进流域产业有序转移和优化升级，推进上下游地区协调发展"。《目录》依据党的十八大以来发布的有关区域和行业发展政策文件要求，结合各地现实基础和发展需求，进一步明确了各地发展和承接的产业。《目录》坚持有扶有控，特色突出。紧抓制造业重点领域，坚持因地制宜和从实际出发，立足各地现实基础、比较优势及功能定位，有所为、有所不为，优先承接发展的产业重在突出重点和特色，引导优化调整的产业重在合理约束和控制。支持有条件的地区积极承接发展相关产业全球价值链高端环节，引导深化区域分工合作，努力构建西部、东北、中部、东部优

势互补、错位发展的区域产业发展新格局。①

四、建立健全化解产能过剩矛盾和淘汰落后产能长效机制

近年来，中央和地方政府层面不断推出化解产能过剩矛盾和淘汰落后产能的相关政策。各部门协同合作，陆续出台一系列政策措施，不断完善化解产能过剩矛盾和淘汰落后产能的顶层设计和跨部门协作机制，强有力的产能退出机制逐步建立和完善。特别是通过加大环保、能耗、技术、安全等多方面监督执法力度，逐步提高相关行业标准和要求，进一步推动过剩产能和落后产能退出市场。针对重点区域产能不合理问题，京津冀及周边地区、长三角地区、汾渭平原等重点区域要按照《打赢蓝天保卫战三年行动计划》（国发〔2018〕22 号）等要求，严控区域产能总量，同时进一步研究强化环保、土地、能源、水资源等要素的约束作用，促进钢铁产能有序向外转移，降低区域钢铁总量，优化空间布局结构。国家发展改革委员会、工业和信息化部、财政部、人力资源和社会保障部、国土资源部、生态环境部、农业部、商务部、中国人民银行、国家能源局、国务院国有资产监督管理委员会、国家税务总局、国家工商行政管理总局、国家质量监督检验检疫总局、国家安全生产监督管理总局、中国银行业监督管理委员会十六部门联合发布《关于利用综合标准依法依规推动落后产能退出的指导意见》（工信部联产业〔2017〕30 号）。出台的工作指导意见旨在通过实现工作方式由主要依靠行政手段向综合运用法律法规、经济手段和必要的行政手段转变，通过实现界定标准由主要依靠装备规模、工艺技术标准向能耗、环保、质量、安全、技术等综合标准转变，不断建立市场化、法制化、常态化的工作推进机制，促进淘汰落后产能工作。利用综合标准方式适应"依法治国"的相关要求，实现从过分依赖行政手段去产能政策向依靠市场资源重新配置转变。

第二节　2018 年化解过剩产能和淘汰落后产能的基本情况

2016 年以来，各地区、各有关部门按照党中央、国务院关于供给侧结构性改革的决策部署，扎实推进重点领域化解过剩产能工作，累计压减粗钢产能1.5 亿吨以上，退出煤炭落后产能 8.1 亿吨，淘汰关停落后煤电机组 2000 万千瓦以上，均提前两年完成"十三五"去产能目标任务。行业运行和安全生产状

---

① 《产业发展与转移指导目录（2018 年本）》解读，工业和信息化部产业政策司，2018 年 12 月 29 日。

况明显好转，供给体系质量大幅提升，产业结构和生产布局持续优化，市场竞争秩序有效规范，促进行业健康发展的长效机制逐步建立完善。

　　根据工业和信息化部原材料工业司发布的数据来看，2018 年钢铁行业持续推进供给侧结构性改革，产业结构不断优化，市场秩序明显改善，全行业经济效益创历史最好水平。2018 年全年钢铁行业主营业务收入 7.65 万亿元，同比增长 13.8%；实现利润 4704 亿元，同比增长 39.3%。其中重点大型钢铁企业主营业务收入 4.13 万亿元，同比增长 13.8%；实现利润 2863 亿元，同比增长 41.1%，利润率达到 6.93%。截至 2018 年年底，重点大中型钢铁企业资产负债率为 65.02%，同比下降 2.6 个百分点。[①]

　　2018 年有色金属行业深入推进供给侧结构性改革，行业转型升级不断加快。控产能、调结构取得成效，330 多万吨电解铝产能通过产能置换转移至内蒙、云南等能源丰富地区，中铝整合云南冶金、山东魏桥控股鲁丰股份等联合重组不断推进。[②] 严控电解铝新增产能任务依然艰巨，部分中低端加工领域存在产能过剩风险，锂盐、三元材料前驱体等新兴领域也出现阶段性产能快速扩张的现象。

　　2015—2018 年，平板玻璃行业产能增量逐年减少，特别是在 2018 年印发《关于严肃产能置换 严禁水泥平板玻璃行业新增产能的通知》以后，产能增长放缓态势更为明显。根据各省生产线清单公示和玻璃协会统计，截至 2017 年年底全国共有平板玻璃生产线 334 条，年产能 12.3 亿重量箱，2018 年产能利用率 71%，产能严重过剩矛盾得到有效缓解。[③] 但是产能过剩等结构性矛盾依旧存在，行业下行压力仍然较大。全行业需要继续推进供给侧结构性改革，严格落实产能等量或减量置换，严禁新增产能，更多运用市场化、法治化手段推动落后产能依法依规退出，同时不断推动行业技术进步，加强非标玻璃质量和劣质石油焦燃料监管，实施智能制造和绿色制造，加快培育新的应用领域和市场增长点，持续提升发展的质量和效益，推动行业迈向高质量发展。

　　2018 年建材行业化解过剩产能取得进一步成效，经济效益明显提升，产业结构逐步优化，行业运行总体保持稳中向好态势。但水泥平板玻璃产能过剩矛

---

① 《2018 年钢铁行业运行情况》，工业和信息化部原材料工业司，2019 年 2 月 15 日。

② 《2018 年有色金属行业运行情况及 2019 年展望》，工业和信息化部原材料工业司，2019 年 2 月 12 日。

③ 《2018 年平板玻璃行业运行平稳》，工业和信息化部原材料工业司，2019 年 2 月 19 日。

盾没有根本解决，相当部分过剩产能只是处于停产状态，随时有可能恢复生产冲击市场，当前供给侧结构性矛盾仍是主要矛盾。[①]

2018 年我国铝工业深化供给侧结构性改革，严控电解铝新增产能，推进电解铝产能置换，行业运行总体平稳。产能置换不断加快，产业结构进一步优化。《关于电解铝企业通过兼并重组等方式实施产能置换有关事项的通知》（工信部原〔2018〕12 号）印发以来，已有 400 多万吨电解铝产能完成了跨省置换，其中 300 多万吨产能转移至内蒙、云南等能源丰富地区。在保持严控电解铝产能高压态势的同时，电解铝产业结构不断优化。[②]但贸易摩擦影响逐步显现，生产成本不断提高，行业效益下滑，整体发展形势不容乐观。

第三节　面临的问题与挑战

2018 年是推进供给侧结构性改革的深化之年，去产能仍将作为促进产业结构转型升级的重要任务之一。自 2010 年党中央和国务院不断出台相关政策，并逐步建立和完善过剩产能和落后产能退出机制和政策体系，通过严格的执法手段，重点行业的过剩产能和落后产能大部分已经被缩减，部分"僵尸企业"被处理，职工安置问题也得到相对的解决。但是继续推动化解过剩产能矛盾和淘汰落后产能工作已经进入攻坚克难的"深水期"。加快重点领域"僵尸企业"出清，严格控制新增产能，着力巩固去产能成果，各部门协作机制需进一步完善，不断完善政策措施，加强监测分析，强化社会监督，发挥促进行业健康发展的长效机制作用。

一、重点行业加快处置"僵尸企业"解决相关问题

2018 年从钢铁、煤炭等重点产能过剩行业运行数据来看，去产能工作成效明显，企业经营效益有所好转。特别是钢铁行业，2018 年全行业经济效益创历史最好水平，主营业务收入 7.65 万亿元，同比增长 13.8%，产业结构不断优化，市场秩序明显改善。接下来要重点建立打击"地条钢"长效机制，坚决防止死灰复燃，更要督促地方以处置"僵尸企业"为抓手，坚定不移去除低效产能。在通过企业兼并重组、处置"僵尸企业"、压减过剩产能和淘汰落后产能的过程中，存在部分低效率企业兼并重组主动性不强、地方保护情况较为严重、企业兼并重组影响到地方财政等多方面因素，行业转型升级面临困难较大；企

---

① 《2018 年建材行业运行情况》，工业和信息化部原材料工业司，2019 年 2 月 28 日。

② 《2018 年铝行业运行情况》，工业和信息化部原材料工业司，2019 年 3 月 5 日。

业兼并重组的资金压力较大，近年来大多数产能过剩行业处于低盈利甚至亏损状态，金融机构推进企业兼并重组积极性不足，企业负债、债权债务问题限制金融资本的参与；兼并重组手续烦琐，处置"僵尸企业"工作复杂，过程较为漫长；企业兼并重组风险较高，特别是部分地区低效率企业财务并不透明，地方政府干预程度较高，兼并重组风险大。①因此，要进一步推进钢铁、煤炭行业去产能工作，就要坚定不移处置"僵尸企业"。认真做好"僵尸企业"分类处置，对于长期停工停产、连年亏损、资不抵债、没有生存能力和发展潜力的"僵尸企业"，要加快实施整体退出、关停出清、重组整合，加快形成市场决定要素配置的机制，释放错配资源。各地要列出名单、拿出计划，全面稽查、上报结果。尽快修订有关资产处置、债务清偿等方面的法律法规，完善"僵尸企业"破产重整机制。

二、严禁新增产能

在防范"地条钢"死灰复燃和已化解过剩产能复产的同时，要严禁新增产能。各级政府严把产能置换和项目备案关，禁止各地以任何名义备案新增钢铁冶炼产能项目，对于确有必要建设冶炼设备的项目，相关地区在项目备案前须严格执行产能置换办法，按规定进行公示公告，接受社会监督。各地严格执行《企业投资项目核准和备案管理条例》（国务院令 673 号）、《企业投资项目核准和备案管理办法》（国家发展改革委令第 2 号）、《企业投资项目事中事后监管办法》（国家发展改革委令第 14 号）的相关要求，各有关地区要对辖区内擅自违法违规建设、违规产能置换和备案等情形认真开展自查和排查，对发现的问题要及时予以整改。各地应进一步完善响应机制，落实好《关于钢铁产能违法违规行为举报核查工作的有关规定》（发改办产业〔2018〕1451 号）相关要求。根据《2019 年钢铁化解过剩产能工作要点》，2019 年将对钢铁产能违法违规行为易发高发的重点省（区、市），由钢铁煤炭行业化解过剩产能和脱困发展工作部际联席会组织开展一次巩固化解钢铁过剩产能成果专项抽查，重点检查压减粗钢产能、防范"地条钢"死灰复燃、严禁新增产能、淘汰落后产能等方面可能存在的问题。

三、依法依规化解过剩产能和淘汰落后产能

针对本轮产能过剩问题，党中央、国务院不断出台相关政策、法规等文件

---

① 《中国的经济结构调整与化解过剩产能》，第四章《产能过剩治理政策的反思与重构》，李平、江飞涛、王宏伟等著，2016 年 10 月第 1 版。

安排部署化解过剩产能矛盾和淘汰落后产能工作，取得了一定的去产能成果。在党的十九届四中全会提出了全面依法治国的要求后，淘汰落后产能原有的一些工作方式方法出现难以适应当下工作的情况。具体来讲，工作中法律手段、经济办法运用不够充分，市场化、法治化退出机制不健全；钢铁、煤炭等行业产能严重过剩矛盾尚未根本扭转，仍需淘汰一批落后产能；一些行业能耗、环保、质量、安全等达不到法律法规和强制性标准要求的产能，亟需依法依规予以关闭淘汰。在进一步推进去产能工作中，应严格按照市场化、法治化的总要求，贯彻落实好节约能源法、环境保护法、产品质量法、安全生产法 4 部法律和《产业结构调整指导目录（2011 年本）（修正）》《产业发展与转移指导目录（2018 年本）》等产业政策关于淘汰落后产能的规定。

第五章

产业转移和优化布局

党的十九大以来，产业转移和优化布局工作要以习近平新时代中国特色社会主义思想为指导，牢固树立新发展理念，以供给侧结构性改革为主线，发挥市场在资源配置中的决定性作用，更好地发挥政府作用，走中国特色新型工业化道路。工业和信息化部贯彻国家区域协调发展战略，深入实施主体功能区战略，统筹协调西部、东北、中部、东部四大板块，发挥区域比较优势，推进差异化协同发展，综合考虑能源资源、环境容量、市场空间等因素，促进生产要素有序流动和高效集聚，推动产业有序转移，构建和完善区域良性互动、优势互补、分工合理、特色鲜明的现代化产业发展格局。

第一节　2018 年产业转移和优化布局政策解析

当前，新一轮科技革命和产业变革孕育兴起，国际经济环境经历复杂深刻的变革，国内经济加快转向高质量发展阶段，各地区发展内生动力有待进一步激活，需要产业政策找准定位、积极作为、精准发力。2018 年国家发展和改革委员会与工业和信息化部出台了有关产业转移与优化布局的政策。

一、国家发展和改革委员会相关政策

2018 年 2 月，国家发展和改革委员会与住房和城乡建设部发布《关中平原城市群发展规划》。规划指出：（一）积极承接产业转移。抓住"一带一路"建设、东部地区加工贸易转移等机遇，依托面向西北的市场空间和较为丰富的资源优势，深度融入全球全国产业分工体系，积极承接汽车、装备制造、电子信息、生物医药、食品加工、纺织等产业转移，打造以西安为核心，其他城市分工协作、合理布局的产业转移示范区。（二）强化承接产业转移管理服务。推

动制定城市群统一的承接产业转移政策，实施行政审批清单、政府权力和责任清单管理，建立以"一站式服务"为核心的政府公共服务平台，引导产业有序转移。严格产业准入门槛，严禁承接高耗能、高污染和低水平重复建设项目。（三）国际产能合作重点工程。坚持"引进来"和"走出去"并重，鼓励支持有条件的企业"走出去"，积极承接国际高端产业转移，推进中俄丝路创新园、中韩产业园建设，实现互利互惠、共同发展。[①]

2018 年 2 月，国家发展和改革委员会发布《呼包鄂榆城市群发展规划》。规划指出：（一）强化与京津冀对接合作。深化京蒙对口帮扶，完善合作平台与协作机制，推进科技、教育、医疗、卫生和产业互补对接。（二）承接京津冀地区产业转移。加强与天津市、河北省在港口资源使用和内陆港方面的合作。加强与东部沿海城市群合作。深化同东部沿海城市群在资金、技术、项目、产能和市场等方面的合作对接，共同探索"园区共建、项目共管、收益共享"的合作模式，深化苏陕对口帮扶。探索与相关省市开展优质优势产能置换转移试点。积极发展飞地经济，主动承接东部地区产业转移。

2018 年 3 月，国家发展和改革委员会与住房和城乡建设部发布《兰州—西宁城市群发展规划》。规划指出：（一）建设西宁—海东都市圈。以西宁、海东为主体，辐射周边城镇。加快壮大西宁综合实力，完善海东、多巴城市功能，强化县域经济发展，共同建设承接产业转移示范区，重点发展新能源、新材料、生物医药、装备制造、信息技术等产业，积极提高城际互联水平，稳步增加城市数量，加快形成联系紧密、分工有序的都市圈。（二）打造承接产业转移平台。依托产业基础、资源优势和东西部对口帮扶机制，采取补链承接、提升承接、延伸承接、链条对接等多种方式，建设一批"园中园""飞地园""共管园"等产业转移园区，具备条件的逐步纳入对口帮扶年度重点工作和考核。加快建设兰白承接产业转移示范区，支持西宁、海东承接东中部适宜产业转移。发挥地缘优势和文化优势，强化与发达地区和企业产业合作，将兰西城市群整体打造成为面向中西亚的出口加工和贸易基地。（三）积极推进园区优化整合。进一步支持兰州新区健康发展，改善发展条件，创新体制机制，打造西北地区重要的经济增长极、国家重要的产业基地、向西开放的重要战略平

---

① 国家发展和改革委员会：《国家发展改革委 住房城乡建设部关于印发关中平原城市群发展规划的通知》，国家发展和改革委员会官网，2018 年 2 月 2 日，见 http://www.ndrc.gov.cn/zcfb/ zcfbghwb/201802/t20180207_877570.html。下文中《呼包鄂榆城市群发展规划、兰州—西宁城市群发展规划、淮河生态经济带发展规划、湘南湘西承接产业转移示范区总体方案》的内容，均根据国家发展和改革委员会官网信息编辑整理。

台、承接产业转移示范区。优化整合各类开发区，鼓励产业向国家级、省级开发区集聚，鼓励区位相邻的开发区整合发展。（四）改造提升现有制造业集聚区。加快完善开发区基础设施，深化管理体制改革，激发内生动力和活力。积极推动海东工业园区在符合条件的情况下升级为国家级经济技术开发区。

2018 年 11 月，国家发展和改革委员会发布《淮河生态经济带发展规划》。规划要求：（一）中西部内陆崛起区包括蚌埠、信阳、淮南、阜阳、六安、亳州、驻马店、周口、漯河、平顶山、桐柏、随县、广水、大悟等市（县），发挥蚌埠、信阳、阜阳区域中心城市的辐射带动作用，积极承接产业转移，推动资源型城市转型发展，因地制宜发展生态经济，加快新型城镇化和农业现代化进程。（二）严格产业准入门槛。依据资源环境承载能力，科学有序承接符合环保标准和市场需求的国内外先进产业转移。五省共同编制实施淮河生态经济带产业转移指南和产业准入负面清单，强化环境影响评价和节能评估审查，严禁承接高耗能、高排放、高污染产业和落后产能，避免低水平重复建设。（三）促进产业集中布局。加强统筹规划、优化产业布局，以各类开发区、产业园区为载体，引导转移产业向园区集中，建设承接国内外产业转移的重点承接地。支持资源型城市通过积极承接产业转移，培育发展接续替代产业。因地制宜建设一批返乡创业园，鼓励在外从业人员返乡创业。（四）创新产业承接模式。创新园区管理模式和合作机制，鼓励以连锁经营、委托管理、投资合作等多种形式，共建产业园区，积极发展"飞地经济"，实现优势互补、互利共赢。支持有条件的地区创建承接产业转移示范区。完善政府管理与服务，加强区域互动合作，推动建立省际间产业转移统筹协调等机制。（五）全面深化与周边地区合作。鼓励经济带各地区与发达地区按照市场化原则和方式发展"飞地经济"，合作共建产业园区。推动利用盐城丰富的盐田土地资源建设河海联动开发示范区。加强与长江三角洲、中原城市群等合作对接，在产业转移、要素配置、人文交流等方面开展协作，促进资源共享、共同发展。着力推动苏鲁皖豫交界地区联动发展，打造省际协同合作示范样板。（六）拓展与国内其他地区合作。推进与港澳台的经贸合作和人文交流，发挥台商产业园、华侨华人中原经济合作论坛等平台作用，共同举办重大经贸文化交流活动，积极承接产业转移。深化与东北等老工业基地合作交流，探索国有企业改革等体制机制创新，促进资源型城市转型发展。

2018 年 11 月，国家发展和改革委员会发布《湘南湘西承接产业转移示范区总体方案》。规划指出：（一）突出产业承接重点。依托示范区现有产业基础和劳动力、资源等优势，围绕加快新旧动能转换和产业结构优化升级，有力有序承接东部沿海地区转移趋势明显的产业，增强对加工贸易产业的吸引力，因地制宜承接发展装备制造业、新材料、生物医药、新一代信息技术、轻工纺织、农产品深加工和食品制造业、矿产开发和加工业、现代物流业、健康养老产业、文化旅游业、现代农业，进一步壮大产业规模，在中高端消费、创新引领、绿色低碳、共享经济、现代供应链、人力资本服务等领域培育新增长点、形成新动能，促进产业迈向价值链中高端。（二）优化产业承接布局。根据主体功能分工和资源环境承载能力，综合考虑人口分布、产业结构、城镇布局、交通网络等因素，以承接产业转移、增强竞争优势为重点，调整优化生产力布局，更好地发挥衡阳市、郴州市、永州市、湘西自治州、怀化市、邵阳市区域中心城市的引领带动作用，促进产业集中布局和集聚发展，发挥规模效应，提高辐射带动能力。依托各县（市区）已有的各类开发区、现代服务业集聚区、现代农业示范区，培育地方特色产业，打造规模化的特色产业集群，形成"一县一产业""一园区一特色"的承接发展格局，发挥对示范区建设的多点支撑作用。以"抓龙头、带配套"的发展思路，通过承接一批重点项目，吸引上下游配套产业入驻，实现县域工业由点到线、由线到面的坚实发展，力争形成一批具有鲜明特色的支柱产业，打造一批在湖南乃至全国都具有强大竞争力的县域经济强县。（三）推进产业创新升级。加强示范区与沿海地区的人才、技术、设备等创新要素对接，推进创新资源向示范区集聚，提升创新驱动发展能力。积极引进具有较强创新能力的企业，支持转移企业加大研发投入，在承接地建设产品研发、技术创新基地，持续增强自主创新能力。支持符合条件的企业建设国家和省级工程（技术）研究中心、重点实验室、技术创新中心、企业技术中心、工业设计中心，承担国家科技计划项目。引导高等院校在示范区建设一批大学创新港或科技园。鼓励企业与国内外高校和科研院所对接，联合设立研发机构或技术转移机构，通过研发合作、技术转让、技术许可、作价投资等多种形式，实现产学研协同合作。依托国家和地方重点实验室、工程（技术）研究中心、技术创新中心、企业技术中心等创新平台，面向产业创新发展需求，开放从实验研究、中试放大到产业化所需的仪器设备、共享车间、大型软件等资源，完善科技服务体系，鼓励发展面向大众、服务企业的低成本、便利化、开放式服务平台。大力发展技术评估、产权交易等中介机构，构建技术转移服务平台。

2018 年 11 月，国家发展和改革委员会发布《汉江生态经济带发展规划》。规划指出：（一）加快县城和重点镇建设。充分发挥县城和重点镇连接城乡的桥梁、纽带作用，鼓励引导产业项目在资源环境承载力强、发展潜力大的重点开发区布局，促进劳动密集型产业和特色产业集群发展，积极探索承接产业转移新模式，提升吸纳就业能力，打造"就近城镇化"的核心载体。推动一批建制镇提升综合功能，增强人口、产业承载能力。鼓励有条件的小城镇打造成为富有活力的美丽特色小（城）镇。（二）加强与长江经济带融合发展。主动对接长江经济带综合立体交通走廊建设，完善连接长江经济带和丝绸之路经济带的战略通道。积极参与产业分工协作，高水平承接产业转移，联手打造沿江优势产业集群。加强公共服务交流合作，推动养老、医疗、教育等领域开放共享。（三）加强产业统筹协调。支持三省合作编制汉江生态经济带产业结构调整指导目录，共同研究制定承接产业转移准入标准。协调土地利用政策、税收政策，避免重复建设和恶性竞争。按照扶持共建、托管建设、股份合作、产业招商等多种模式，创新园区共建与利益分享机制。加强科技合作协同创新，推动国家重大科研基础设施和大型科研仪器等科技资源开放共享。支持组建区域性行业协会、商会等社会团体。

二、工业和信息化部相关政策

党中央、国务院高度重视产业转移工作。《中共中央 国务院关于建立更加有效的区域协调发展新机制的意见》指出："推进流域产业有序转移和优化升级，推进上下游地区协调发展"。2018年工业和信息化部对《产业转移指导目录（2012年本）》进行了修订，形成《产业发展与转移指导目录（2018年本）》（以下简称"《目录》"），促进产业合理有序转移，是贯彻落实党中央、国务院决策部署，促进区域协调发展的重要举措；是推动产业转型升级，实现高质量发展的内在要求；是加快制造强国建设，迈向全球价值链中高端的有效途径。各级工业和信息化主管部门应按照《目录》提出的产业发展方向，加强对本地区的产业发展和转移的引导，营造良好的营商环境，统筹考虑资源环境、发展阶段、市场条件等因素，积极发展和承接优势特色产业，引导优化调整不适宜继续发展的产业；要充分发挥市场在资源配置中的决定性作用，尊重企业的市场主体地位，不对未列入《目录》优先承接发展的产业和承接地进行限制，也不对引导优化调整的产业设定时间表、路线图、任务书；要加强与财税、金融、土地等相关部门的协调配合，推动形成落实《目录》的合力。工业和信息化部将根据国家区域发展战略调整、相关政策变化及产业发展态势和产业转移工作需要，适时对《目录》进行修订调整。[①]

《目录》共分为五章。第一章"全国区域工业发展总体导向"按照西部、东北、中部、东部四大板块，分别提出了各板块的区域定位及原材料工业、装备制造业、消费品工业、电子信息产业发展的方向。第二章至第五章按照西部、东北、中部、东部四大板块各成一章。其中每章的第一节"地区工业发展导向"，提出了各板块的相关经济带（区），明确区域范围，并提出重点发展的产业门类，引导区域错位发展；第二节"优先承接发展的产业"，提出各地重点承接、优先发展的产业及具体的承接地，产业和承接地按照优先次序进行排序；第三节"引导优化调整的产业"，提出各地引导逐步调整退出的产业和引导不再承接的产业条目。

（一）西部地区

西部地区包括内蒙古、广西、重庆、四川、贵州、云南、西藏、陕西、甘肃、青海、宁夏、新疆 6 省 5 区 1 市及新疆生产建设兵团。西部地区具有广阔的发展空间、巨大的市场潜力和突出的资源优势，是我国重要的战略资源接续地和产业转移承接地。重点承接发展的产业方向如下。

原材料工业：统筹考虑市场需求、交通运输、环境容量和资源能源支撑条件，有序推动西南、西北地区按产能置换要求承接其他地区产能转移，满足区域市场需求，高质量发展钢铁产业。发挥西部地区有色金属资源富集优势，建设西安和昆明稀有金属等精深加工产业集聚区，打造攀西钒钛材料产业集群和稀土研发制造基地。推进内蒙古鄂尔多斯、新疆准东、宁夏宁东、陕西榆林等现代煤化工产业示范区建设。扩大青海及西藏盐湖提锂生产规模，推动贵州磷肥、青海钾肥等大型化肥产业基地发展。利用西部丰富的非矿资源，重点发展无机非金属新材料，同时推动秸秆等非木质新材料和传统建材产业绿色发展。推动内蒙古稀土功能材料、石墨新材料产业发展。

装备制造业：依托乌鲁木齐、哈密、重庆、德阳、包头、银川等地，重点发展风电装备，建设兰州石油装备基地。依托成都、西安、南充、柳州、包头、毕节，发展新能源汽车产业，建设重庆新能源及智能网联汽车基地。建设成都、自贡、鄂尔多斯、包头等环保安全成套装备生产基地。依托重庆、成

---

① 工业和信息化部产业政策司：《产业发展与转移指导目录（2018 年本）》解读，工业和信息化部官网，2018 年 12 月 29 日，见 http://www.miit.gov.cn/n1146285/n1146352/n3054355/n3057292/n3057303/c6568842/content.html。

都、德阳，打造轨道交通产业基地。依托重庆、成都、德阳、渭南，发展壮大航空产业，建设安顺民用航空产业国家高技术产业基地。以重庆、成都、西安、渭南为重点，打造机器人、数控机床、增材制造产业基地。

消费品工业：在具有地域独特性的杂粮、果蔬、茶叶、油料、特色经济林、草食畜牧业和特色渔业等产业产区培育一批有机产品生产加工基地，形成一批国内知名的农林产品加工品牌。依托特色资源优势和边境区位优势，西北地区提升毛纺产业链制造水平，支持新疆纺织服装产业发展，重点发展服装服饰、家纺、针织等劳动密集型产业，建设国家重要棉纺产业基地、西北地区和丝绸之路经济带核心区服装服饰生产基地与向西出口集散中心；西南地区大力发展少数民族纺织传统工艺和旅游纺织品。积极发展现代中药、中药饮片、民族药、生物药和医疗器械，建设重庆、成都、兰州、西安、贵阳、昆明、南宁等生物医药产业基地。

电子信息产业：积极有序承接电子信息产业转移，培育符合西部地区实际的新一代信息技术产业。重点发展计算机、电子元器件、新一代移动通信、新型显示、智能家居、下一代互联网核心设备和终端、遥感、卫星通信、光电材料、半导体材料、信息安全、地理信息及多语种软件产业，建设成都、绵阳、重庆、西安等电子信息产业基地。

（二）东北地区

东北地区包括辽宁、吉林、黑龙江 3 省。东北地区是新中国工业的摇篮，拥有一批关系国民经济命脉和国家安全的战略性产业，区位条件优越，沿边沿海优势明显。重点承接发展的产业方向如下。

原材料工业：严格控制钢铁行业新增产能，加大高端装备制造业所需钢铁新材料的开发和生产。积极发展铜、铝、钼、镍、镁、钛等深加工产品。延伸大连、大庆、吉林、辽阳等地石油化工产业链，大力发展精细化工和化工新材料产业。依托秸秆等生物质资源，积极发展生物质化工产业。发挥吉林硅藻土、黑龙江石墨和高岭土等资源优势，积极发展非金属矿及深加工产业。

装备制造业：以沈阳、大连、长春、哈尔滨、齐齐哈尔为中心，建设电力装备、冶金成套装备、石化成套装备、现代农业装备等大型成套装备基地，智能制造装备、轨道交通装备及关键零部件等先进制造业基地。以沈阳、长春、哈尔滨、大庆为龙头，做大做强汽车全产业链，重点发展新能源汽车及智能网联汽车。以大连、葫芦岛、哈尔滨为重点，做优做强船舶与海洋工程及配套装备。以沈阳、哈尔滨、大连为依托，建设航空制造业基地。

消费品工业：依托松嫩平原、两江平原、大小兴安岭及长白山林区等特色种植养殖业，建设特色食品、林下产品精深加工、木材储运和加工基地。利用汉（亚）麻纤维、化纤等原料资源，开发纺织服装精深加工产品，适度发展产业用纺织品。依托大连、绥芬河等口岸和沈阳、哈尔滨等区域消费中心，适度发展家具、地板等产业。充分利用哈尔滨、沈阳、长春、通化、牡丹江等地医药产业基础，提升医药产业质量和水平，推动专业园区或基地集聚发展。

电子信息产业：依托大连、沈阳、长春、哈尔滨，发展信息通信技术、人工智能、集成电路、新型电子元器件、云计算和大数据、下一代互联网核心设备和智能终端、高性能计算、工业互联网、光电子等产业。加快发展装备制造、冶金、石化等领域应用电子和应用软件。

（三）中部地区

中部地区包括山西、安徽、江西、河南、湖北、湖南 6 省。中部地区承东启西、连接南北，生产要素富集、产业门类齐全、工业基础坚实、市场潜力广阔，具备较强的承接产业转移能力。重点承接发展的产业方向如下。

原材料工业：以区域市场容量和资源能源支撑为底线，退出缺乏竞争力的企业，引导钢铁产业向市场和资源地集中布局。发挥资源优势，打造郑州铝合金、洛阳铝钼钛、铜陵铜基新材料、鹰潭铜、赣州钨和稀土、株洲硬质合金等有色金属精深加工产业集聚区。发挥山西、河南现代煤化工产业转型升级的要素资源优势，推进朔州、鹤壁煤制烯烃升级示范；依托武汉、岳阳、安庆等产业基础，发展精深加工石化产品，建设绿色石化产业集群；适度发展林产化工产业。做强河南超硬材料和耐火材料、湖南石墨精加工等产业。

装备制造业：以太原、洛阳、新乡为重点，打造矿山、起重成套装备产业集群。以洛阳、开封、芜湖、襄阳等为重点，打造现代农业装备产业集群。以武汉、郑州、洛阳、合肥、芜湖、马鞍山等为重点，打造数控机床、机器人等智能制造装备产业集群。依托株洲、太原、郑州、洛阳、合肥、马鞍山等地产业基础，着力发展大功率电力机车、重载快捷铁路货车、城市轨道车辆及控制系统等轨道交通设备产品。以武汉、十堰、郑州、合肥、芜湖、长沙、南昌等为重点，建设汽车研发和生产基地，完善汽车零部件产业集群。支持南昌、景德镇建设国家航空产业基地，武汉建设国家航天产业基地。增强沿江城市内河船舶、特种船舶、关键船舶配套产品的市场竞争力。

消费品工业：打造武汉纺织服装时尚创意中心，建设大同、郑州、襄阳、荆州、株洲、安庆、赣州、九江、南昌等一批现代纺织产业基地。以武汉、合肥、滁州、九江为重点，打造中部地区家电产业基地。依托武汉、宜昌、荆州、合肥、郑州、漯河、南昌、宜春、长沙、赣州，大力发展农产品深加工产业，建设优质食品加工产业基地。以赣州、黄冈、开封为重点，打造中部地区木材加工及木制家具产业基地。壮大医药产业规模，提升创新能力，培育支柱企业，建设武汉、郑州、南昌、长沙、宜昌、合肥等生物医药产业基地。

电子信息产业：积极承接电子信息产业转移，做大制造加工规模，提高设计研发能力，加快发展新型显示、集成电路、应用电子、电子元器件、智能硬件、软件及信息技术服务、光通信、遥感、卫星导航应用、信息安全等产业。

（四）东部地区

东部地区包括北京、天津、河北、上海、江苏、浙江、福建、山东、广东、海南 7 省 3 市。东部地区区位条件优越，面向国际、辐射中西部，是全国工业经济发展的重要引擎。重点承接发展的产业方向如下。

原材料工业：推动区域内钢铁产业减量化兼并重组，提高精品钢材产品比重，全面提升环保和产品质量水平。做优做强有色金属精深加工产业，在珠三角、长三角、环渤海等区域建设绿色化、规模化、高值化再生金属利用示范基地。有序推进上海漕泾、江苏连云港、浙江宁波、广东惠州等石化产业基地及重大项目建设。在上海、江苏、浙江、山东和天津等地加快发展先进无机非金属材料、碳纤维、高性能复合材料及特种功能材料、战略前沿材料等产业。推动绿色建材发展，适度发展林产化工产业。广东、福建等地着力推动陶瓷等产业转型升级。

装备制造业：以环渤海、长三角、珠三角为重点，建设一批具有国际竞争力的重大成套和技术装备制造业基地。依托济南、青岛、南京、唐山、江门，做强轨道交通装备产业，打造高速列车科技创新中心和产业集群。发挥北京、上海、广州等地产业基础优势，全面提升汽车产品研发和技术创新能力，推动汽车产业向智能网联汽车和新能源汽车升级。以上海、天津、广州、厦门、南通、舟山、青岛等为重点，打造高技术船舶、海洋工程装备及配套产业集群，建成集研发设计、总装建造、关键设备和技术服务于一体的海洋工程产业体系。做优做强北京、上海、珠三角航空航天产业，加快发展卫星导航系统、飞机总装及零部件制造等产业。以北京、上海、天津、深圳、广州、南京、济南等为重点打造智能制造装备产业基地。

消费品工业：重点发展智能节能型家电、环保多功能家具、绿色食品，建设行业共性技术开发平台，培育世界级轻工业产业集群，构建智能化、绿色化、服务化和国际化的新型轻工业制造体系。以提升科技含量和打造品牌为重点，推动上海、江苏、浙江、山东、广东、福建，建设具备国际先进水平的纺织服装技术研发中心、时尚创意中心、高端制造中心和生产性服务体系，率先建设纺织、食品智能制造示范基地，培育世界级纺织服装产业集群。壮大北京、天津、石家庄、上海、泰州、连云港、杭州、济南、广州、深圳、珠海、厦门、海口等一批医药产业集群，大力发展生物药、化学药新品种、优质中药和高性能医疗器械。

电子信息产业：依托环渤海、长三角和珠三角等优势地区，重点发展集成电路、基础软件、新型显示、微电子、光电子、新型电子元器件、下一代互联网及新一代通信设备、人工智能、物联网、工业互联网、大数据、云计算、信息安全等产业。

《目录》依据党的十八大以来发布的有关区域和行业发展政策文件要求，结合各地现实基础和发展需求，进一步明确了各地发展和承接的产业。与 2012 年本相比，《目录》主要有以下调整：一是增加新兴产业门类，引导产业发展与转移与时俱进。为顺应产业发展新趋势、新特点，《目录》在 2012 年本 15 个行业门类基础上增加了智能制造装备、节能环保、新材料、新能源等产业门类，契合了产业转型升级的发展方向，体现了地方、行业发展意愿和诉求。二是增加优先承接地，引导各地突出特色、错位发展。《目录》将优先承接发展产业的承接地细化到具体地区（市、州、盟），一方面指导和推动各省（区、市）将《目录》细化落地，引导各地突出比较优势；另一方面，便于产业转移各方获取更加精准的信息参考。三是增加引导优化调整的产业，引导产业发展与转移升级。《目录》引导各地统筹考虑资源环境、发展阶段、市场条件等因素，对现有存量产业提出需要调整退出的产业条目，对未来不宜再承接的产业予以明示，促进地方制造业发展转型升级。四是《目录》名称增加"发展"，引导各地统筹发展与转移的关系，立足全局，全面对标高质量发展要求，统筹考虑发展基础、阶段、潜力等因素，推动工业经济发展由数量规模扩张向质量效益提升转变。

《目录》重在突出指导性和方向性，不对未列入优先承接发展的产业和地区进行限制；也不对引导优化调整的产业设定时间表、路线图、任务书。国家法律法规和政策文件对区域和产业发展另有规定的，从其规定。①

第二节 2018 年产业转移的基本情况

一、京津冀区域进展情况

为进一步推动京津冀产业转移和协同发展，2018 年 1 月 31 日，工业和信息化部产业政策司组织北京、天津、河北、辽宁工业和信息化主管部门有关同志在京召开 2018 京津冀产业转移对接活动座谈会。座谈会听取了京津冀及辽宁自 2014 年以来，推动京津冀产业转移取得的成绩、存在的问题和工作建议；研究了未来一段时期京津冀产业转移工作重点及 2018 京津冀产业转移对接活动相关工作。

疏解北京非首都功能，是贯彻落实京津冀协同发展战略的关键环节，是破局之招。推动京津冀产业合理有序转移，就是要引导与首都功能不相适应的产业有序疏解，优化三地产业格局和分工体系，最终实现京津冀产业协同发展。8 月 22 日，2018 京津冀产业转移系列对接活动启动仪式在河北省雄安新区举办。本次活动由工业和信息化部产业政策司联合京津冀三地工业和信息化主管部门共同主办。曹妃甸协同发展示范区、沧州渤海新区、北京房山区基金小镇、天津武清经济开发区和阜平县阜东工业园区进行了园区推介工作，沧州市高新区京津冀新材料产业孵化基地项目、北京（深州）家具产业园项目等 10 个项目在启动仪式上签约。

邯郸市位于晋冀鲁豫交界处，区域优势明显，是京津冀地区食品工业和生物医药产业的重要承载地。11 月 22 日，2018 京津冀产业转移系列对接活动——京冀（邯郸）食品医药行业专题对接洽谈会成功举办。邯郸市工业和信息化局做了专场推介工作，5 个项目现场签署了合作协议。活动还安排了食品、医药行业推介专场和重点企业产品展示。本次活动由工业和信息化部产业政策司、河北省工业和信息化厅、北京市经济和信息化局和邯郸市人民政府共同主办，北京及河北工业和信息化主管部门有关负责同志、邯郸市及其部分县（市、区）有关负责同志、北京食品工业协会、北京医药行业协会、河北食品工业协会、

---

① 工业和信息化部产业政策司：以上内容根据工信部 2018 年第 66 号公告《产业发展与转移指导目录（2018 年本）》整理，工业和信息化部官网，2018 年 12 月 29 日，见 http://www.miit.gov.cn/n1146285/n1146352/n3054355/n3057292/n3057303/c6568794/content.html。

河北医药行业协会及 100 余家食品和医药企业代表参加了活动。11 月 27 日，2018 京津冀产业转移系列对接活动——京津冀协同发展招商推介会（北京国资公司专场）成功举办。承德市、张家口市、保定市等东西部扶贫协作地区与北京国资公司旗下相关企业在园区建设、智慧城市、融资租赁、再担保、文化产业等领域签署了五个项目合作协议。承德市丰宁县、张家口市张北县、保定市阜平县、京津合作示范区和京津冀产权市场发展联盟、京津冀资产管理战略联盟、京津冀演艺联盟、京冀融资担保联盟等进行了现场推介。近年来，河北省霸州市相继引入达利食品等 30 多个北京食品行业龙头企业，全面提升了霸州市食品产业集群的核心竞争力及产业吸引力。未来，霸州将加速构建京津冀食品产业合作生态圈，打造环京食品产业转移首选地，共筑京雄都市食品质造共同体。①

二、其他地方进展情况

四川省：近年来，中西部地区在产业基础、硬件设施、营商环境、服务水平等方面取得长足发展，承接国内外产业转移的条件不断完善。2018 年 6 月 28 日，"2018 产业合作专题活动——走进四川广安"在四川省广安市成功举办。四川省总结和推广具有典型性、示范性和可推广性的区域产业合作模式，对于优化全国产业布局、落实国家区域协调发展战略具有重要意义。此次活动以"合作·共赢·发展"为主题，旨在总结推广区域产业合作经验，搭建承接产业转移平台。活动安排重点产业园区介绍了区域产业合作经验，中国机械工业联合会、中国医药企业管理协会、国家工业信息安全发展研究中心介绍了行业发展动态和产业转移趋势。活动还组织重点企业赴园区进行了现场考察。四川、重庆、云南、深圳等地工业和信息化主管部门相关同志，广安市相关部门、重点园区相关同志，机械、医药行业重点企业代表 100 余人参加活动。

山东省：2018 年 7 月 12—13 日，产业转移工作座谈会在山东省威海市召开。工业和信息化部产业政策司许科敏司长在讲话中指出，产业转移是优化产业空间布局、实现区域平衡协调发展的重要手段，对加快新旧动能转换、促进经济转型升级、推进供给侧结构性改革具有重要意义。《产业转移指导目录》是推动产业合理有序转移、促进区域合作的综合性、指导性文件，是贯彻落实区域协调发展战略的重要举措。各省、市要站在国家发展大局高度，做好产业合

---

① 霸州打造环京食品产业转移首选地，中国产业转移网，2018 年 12 月 3 日，见 http://cyzy.miit.gov.cn/node/9934。

作对接系列活动，不断完善线上线下产业转移合作平台，同时要加强与协会的沟通协调，进一步做深做实产业转移工作。

河南省：2018 年 11 月 1 日，由工业和信息化部、中国工程院与河南、河北、山西、内蒙古、安徽、江西、湖北、湖南、陕西 9 省（区）人民政府共同主办的"2018 中国（郑州）产业转移系列对接活动"在郑州国际会展中心隆重举行。工业和信息化部副部长罗文指出，产业转移是优化产业空间布局、推动区域协调发展的重要手段，对落实制造强国战略、深化供给侧结构性改革、建设现代化经济体系具有重要意义。中西部地区是我国产业转移的重要承载地，具有资源丰富、要素成本低、市场潜力大等优势，各方要充分利用中国（郑州）产业转移系列对接活动这个平台，加强项目对接和宣传推广，深化合作，务求实效，共同开启新时代中西部产业开放合作和高质量发展新篇章。此次对接活动签约项目 611 项，总投资 3296 亿元，签约项目体现出龙头项目多、基地型项目多和转型升级项目多等特点。龙头型项目多。签订 50 亿元以上项目 7 个，10亿元以上项目 109 个。其中，上街区政府与奥克斯集团合作的奥克斯集团空调生产基地及科技产业园项目，总投资 70 亿元；登封新区管委会与西安宝莱特光电科技有限公司合作的动态一维/二维码防伪溯源商品 ID 项目，总投资 60 亿元。基地型项目多。签订园区类项目 38 个。其中，郑州高新区管委会与深圳创新科存储技术有限公司合作的创新科区域总部基地及大数据产业园项目，总投资 50 亿元；焦作市政府与华录健康养老有限公司合作的焦作市民生大数据平台及智慧健康养老科创产业园建设项目，总投资 50 亿元。转型升级项目多。装备制造、食品制造、新型材料制造、电子制造、汽车制造等主导产业签约项目 271 个。其中，郑州郑东新区管委会与亚太中商控股有限公司合作的亚太创新基地项目，总投资 50 亿元；沈丘县政府与上海御翔食品科技有限公司合作的休闲食品加工项目，总投资 20 亿元；河南中原黄金冶炼厂有限责任公司与中金集团合作的年产 5 万吨铜箔项目，总投资 35 亿元；周口川汇区政府与天津中科物联网技术研究所合作的中科研究院电子产业园项目，总投资 35 亿元；郑州经开区管委会与上海汽车集团股份有限公司合作的上汽配套产业园项目，总投资 30亿元。此外，楚天龙股份有限公司计划在郑州航空港经济综合实验区投资建设智能卡产品及智能终端产品项目，项目总投资约 10.13 亿元；航天云网公司则牵手海马汽车，目前，已签订智能化改造合同 2.45 亿元。

湖北省：2018 年，湖北自贸试验区努力成为中部有序承接产业转移示范区、战略性新兴产业和高技术产业集聚区、全面改革开放试验田和内陆对外开放新高地，坚持依托传统优势产业基础，积极承接新兴产业转移，不断探索体制机制改革创新，市场活力进一步显现。按照《中国（湖北）自由贸易试验区总体方案》，自贸区包括武汉、襄阳、宜昌 3 个片区。在武汉片区，总投资 1600 亿元的国家存储器基地蓄势待发，拥有完全自主知识产权的 32 层三维 NAND 闪存芯片即将实现量产。武汉片区划定在武汉市东湖高新区——中国光谷。作为全国第二个获批的国家自主创新示范区，光谷的创新基因与自贸区的改革试点精神高度契合，双方的联结迸发出强大创新能量。武汉片区挂牌以来，共引进光电子信息产业重大项目 50 多个，总投资额 2000 多亿元，形成五大千亿产业和两大新兴产业集群，完成"芯片—显示—智能终端"全产业链布局，已成为我国光通信领域重要的技术研发和生产基地。围绕片区内光谷生物城，生物医药及医疗器械产业涌现出了仿生人造血管、商用可控制可定位胶囊内镜机器人系统、数字化正电子发射断层成像仪等一批重大成果。围绕自贸片区发展定位，襄阳依托传统优势，着力打造"新能源汽车之都"。目前已拥有 40 多家新能源汽车企业，从动力电池到驱动电机，从电动转向到充电设施，一个新能源汽车全产业链在襄阳已经形成。紧紧抓住东部沿海地区经济转型契机，湖北自贸区充分发挥科研、高端人才、市场潜力等优势，打造良好投资和营商环境，积极发展以互联网为代表的民营经济，创新型企业加速向湖北自贸区集聚。至今已有小米、海康威视、科大讯飞等 60 多家知名企业总部或"第二总部"落户光谷。截至 2018 年 9 月底，湖北自贸试验区新设企业 19657 家，其中外资企业 151 家；完成进出口总额 1536 亿元，约占全省同期的 1/3。宜昌在国际物流通道上下功夫，先后开通了"宜汉欧"班列、中亚班列、宜蓉班列，开辟了"宜昌—广西钦州—马来西亚的巴西古当港"国际铁海联运线路，初步建成了向北到俄罗斯、向南到南亚东南亚、向西到中亚欧洲、向东到美洲的国际物流通道体系。

湖南省：自从湘南纺织产业基地正式落户常宁以来，2018 年已在常宁注册的纺织公司 4 家，意向签约企业 108 家，正在洽谈的 304 家，已投入生产的 1 家。按照湘南纺织产业基地远期规划，将通过延伸产业链实现产业升级，建成集研发、设计、主题文化、销售、出口、物流等一体化的纺织产业基地。同时通过互联网打造"线上+线下"的商贸智慧市场，帮助企业全面实现"实体+虚拟"立体运营、"行业+区域"纵横发展，打造成世界级纺织产业基地。建设承接平台，提升产业园区发展平台，按照"信息通、市场通、法规通、配套通、物流通、资金通、人才通、技术通、服务通+双创平台"的要求，完善园区基础设施配套，鼓励建设绿色多层标准厂房和共享服务设施，加快建设集研发、设计、检测、中试、外贸等一体化公共服务平台，推进园区与高铁、南岳机场、高速公路、省道的联通项目建设。实施"互联网+"行动，建设智慧智能园区，实现园区由单一产业开发向综合配套服务转变、由产业服务平台向创新发展平台延伸。同时，不断优化产业结构，打造特色产业集群，加快构建现代产业体系，提升城市综合服务功能，实现产业发展、城市建设和人口集聚相互促进、融合发展，走以产兴城、以城带产、产城融合、城乡一体的发展道路。

三、"一带一路"进展情况

2018 年，我国企业在"一带一路"沿线对 56 个国家非金融类直接投资156.4 亿美元，同比增长 8.9%，占同期总额的 13%，主要投向新加坡、老挝、越南、印度尼西亚、巴基斯坦、马来西亚、俄罗斯、柬埔寨、泰国和阿联酋等国家。对外承包工程方面，我国企业在"一带一路"沿线国家新签对外承包工程项目合同 7721 份，新签合同额 1257.8 亿美元，占同期我国对外承包工程新签合同额的 52%，同比下降 12.8%；完成营业额 893.3 亿美元，占同期总额的52.8%，同比增长 4.4%。[①]从 2011 年首趟"渝新欧"开行以来，截至 2018 年 8月 26 日，中欧班列累计开行 10000 列，成为中国对外开放和推进"一带一路"建设的一面旗帜，被誉为亚欧大陆桥上的"钢铁驼队"。[②]相关统计数据显示，五年来，中国与"一带一路"沿线 62 个国家签订了双边政府间航空运输协定。中国与 45 个沿线国家实现直航，每周约 5100 个航班。

国家发展改革委《"一带一路"大数据报告（2018）》显示，丝绸之路经济带（以下简称丝路）沿线产业合作水平呈现逐年攀升态势。近 3 年来，俄罗斯都是中国丝路产业合作的核心伙伴；中亚地区与中国的贸易增速最快，是丝路建设的重要支点国家；与俄罗斯、巴基斯坦、哈萨克斯坦等国家的金融合作最为紧密。吉尔吉斯斯坦和中国是友好近邻，目前吉中合作矿业企业达 194 家，占吉尔吉斯斯坦市场份额的 74%，合作领域涵盖金银矿、煤矿、石油等。

2018 年 1—7 月，陕西在丝路沿线的投资主要分布在吉尔吉斯斯坦、哈萨克斯坦等国，领域主要涉及装备制造、能源化工、纺织服装、矿产资源开发、有色冶金、建材、现代农业等行业，累计对外投资 114 亿美元，占境外投资总

---

① 商务部对外投资和经济合作司，《2018 年 1—12 月我对"一带一路"沿线国家投资合作情况》，中国投资指南网站，2019 年月 24 日，见 http://www.fdi.gov.cn/ 1800000121_ 33_11832_0_7.html。

② 高铁见闻：《重磅！中欧班列累计开行数量突破 10000 列》，凤凰网财经频道，2018 年 8 月 26 日，见 https://finance.ifeng.com/a/20180826/16470325_0.shtml。

额的近 25%。延长石油、陕西能源、陕煤、陕西有色、陕建、秦川机床、法士特、陕汽、陕西地矿、陕海投公司等陕西省属国企积极响应国家丝路建设号召，走出国门，开拓海外市场，涉足对外承包工程、能源资源开发、机床装备制造、汽车和现代农业等领域。

甘肃大力发展口岸经济、会展经济，加快构建内外兼顾、陆海联动、向西为主、多向并进的全方位开放新格局。甘肃依托航空口岸、铁路口岸、指定口岸、海关特殊监管区等发展口岸经济。甘肃借助敦煌文博会、兰洽会、药博会等展会平台扩大贸易合作。截至 2018 年 7 月底，甘肃开行了通往中亚、南亚及欧洲的国际货运班列 589 列，出口货物品类主要有家电、建材、机械设备、服装、电子产品、轮胎、日用小商品等，以及钢材、石化设备、饲料、葵花籽等，分别发往吉尔吉斯斯坦、乌兹别克斯坦、白俄罗斯、哈萨克斯坦等国。2018 年 7 月 2 日，装载着俄罗斯木板材的首列回程中欧班列，由俄罗斯新西伯利亚发顺利抵达兰州铁路口岸东川铁路物流中心，标志着甘肃省中欧国际货运班列步入高质量转型发展的轨道。

青海积极融入中巴、孟中印缅两大经济走廊，全力打造丝路商贸物流枢纽、重要产业和人文交流基地和战略通道，全力推动丝路建设高质量发展。截至 2018 年 6 月底，青海在欧美、东南亚及丝绸之路沿线国家新建成综合性进口商品展销中心 1 个，全省综合性进口商品平台达到 12 个；全省对外贸易国际营销网点达到 18 个，其中新建 3 个。青海格尔木—俄罗斯彼尔姆中欧班列已成功开行，有力地推动盐湖化工产品出口欧洲；祁连玉石、磷酸铁锂、图书等特色商品首次实现出口；铝型材、硅铁、焦炭、沙棘制品、藏绣等商品出口规模不断扩大。青海着力鼓励支持外向型企业"走出去"参与国际竞争，截至 2018 年 6 月底，新备案的境外投资项目有 5 个，中方协议投资额 3300 万美元。海南藏族自治州青海湖药业有限公司加快"走出去"步伐，利用中亚丰富的甘草资源，在阿富汗投资建设年产 200 吨的甘草酸生产基地。青海齐鑫地质矿产勘查有限公司积极参与安哥拉、哈萨克斯坦、玻利维亚、埃塞俄比亚、老挝等国家矿产勘探、基础设施、交通和电力等领域项目建设。青海已培育国内外知名品牌 20 个，出口超千万美元的企业有 12 家。

宁夏积极融入丝路建设，充分利用内陆开放型经济试验区先行先试政策，持续优化提升营商环境；发挥中阿博览会平台作用，推进网上、空中、陆上丝路建设，打造丝绸之路经济带战略支点，多层次、宽领域、全方位开展对外产业合作。2018 年 8 月 9 日，借助第 20 届中国国际投资贸易洽谈会在厦门举办的契机，宁夏举办了中国（宁夏）—阿拉伯国家境外产业园区推介会，促成了各类战略合作框架协议、入园协议 7 个，涉及服装、鞋帽、针织制造等领域。

新疆积极打造丝绸之路经济带核心区，全面深化与丝绸之路经济带沿线各国的交流与合作，坚持走出去和引进来齐头并进，加快提升对内对外开放水平，呈现全方位开放格局，积极参与中巴经济走廊、中蒙俄经济走廊建设，鼓励引导对外投资，支持疆内企业在电力、化工、矿产、能源、医药、农业、纺织服装等优势领域走出国门参与全球竞争，深化与周边国家在装备制造、水泥、钢铁等领域的产能合作，加强边境经济合作区、境外经贸合作园区建设，发展边民互市贸易，带动技术、装备和商品出口。2018 年 8 月 30 日至 9 月 1 日，第 6 届中国—亚欧博览会在乌鲁木齐举办。来自国内外的 704 家企业参展参会，其中包括行业领先企业 62 家、自治区级优秀企业 104 家、省级优秀企业 237 家、中国 500 强企业 11 家、全球顶尖企业 5 家、世界 500 强企业 27 家。参加本届博览会的论坛和贸易投资促进活动的嘉宾及客商来自 35 个国家和地区，共签合作项目 162 个，投资总额达 2709.43 亿元，较上届增长 11.98%。其中，中国 500 强企业签约 1171.35 亿元，世界 500 强企业签约 519.4 亿元。签约项目涉及石油化工、节能环保新材料、装备制造、文化旅游、纺织服装、商贸物流等多个重点领域。[1]

第三节　面临的问题与挑战

一、跨国公司对华转移缓慢，我国跨国公司"走出去"步伐加快

从工业发展史看，大型跨国公司是国际产业转移的主要实践者。其主导的产业转移一般是把产业链中的加工制造等利润较低的环节转移到营商环境或市场较好的发展中国家，目的是为了获取更为低廉的成本；一般利润或价值较高的核心环节，如研发设计等环节则留在本国，保留本国产业的核心竞争优势。近年来，全球经济复苏进程缓慢，跨国公司更加注重在全球范围内寻找更为有利的发展空间，进而配置资源。国内中东部地区制造成本上升，原先投资我国的大型跨国公司和我国本土有实力的跨国公司也走出国门，积极抢占新兴市场，寻找发展空间，参与到新一轮的产业竞争之中。

二、"制造+服务"加速融合发展，组织与管理新模式涌现

随着世界工业化进程的推进，各国制造业近年来更加注重产业链环节的深

---

① 郭普松.2018 年丝绸之路经济带产业合作发展报告，《丝绸之路蓝皮书：丝绸之路经济带发展报告 2019》社会科学文献出版社，2019 年 1 月 1 日，34-44 页。

度融合，向"制造+服务"模式拓展。产业转移承接地也趋向于吸引尽可能长的产业链转移。由于大数据、物联网、工业互联网、云计算、人工智能、5G 技术等的快速发展与应用，"制造+服务"成为提高产业竞争力的重要举措，以及由此带来的生产组织方式、运营管理方式和商业发展模式都对传统的企业运营方式产生挑战。传统的制造与服务的分割管理模式逐渐失去竞争力，由生产制造到服务意识的加强，生产制造和服务一体化的组织模式成为现代企业管理的重要选择。

三、贸易保护主义导致全球产业转移放缓

以美国主导的"贸易保护主义"升温，特别是美国政府推出的"232 措施"和"301 条款"引发贸易摩擦，对世界贸易和 WTO 的正常功能产生负面影响。美国和欧盟、日本、韩国、加拿大、墨西哥、我国进行的贸易谈判，间接导致放缓各国产业转移政策的落实。美、日、欧等发达国家企图争夺地区控制权，用先进技术和经济援助手段插手"一带一路"沿线国家内部或国家之间事务，甚至利用民粹主义情绪，挑起民族冲突和反政府敌对势力，遏制和拖延"一带一路"国家和地区的发展与合作。

发达国家大力推动再工业化战略，纷纷出台一系列战略和政策措施，吸引高端制造业回流，积极抢占全球制造业竞争制高点。特朗普政府一直奉行"美国优先"政策，促使许多大型跨国公司加大美国本土的投资，成为发达国家推动制造业回归的标杆，并且通过减税等措施吸引其他国家大型公司到美国投资建厂。德国"难民事件"、法国"黄背心事件"、英国"脱欧事件"等重大全球性事件都增加了营商环境的不稳定性，进一步导致全球产业转移的放缓。因此我国跨国公司"走出去"需要对当地的营商环境进行充分调研。

第六章

发展服务型制造

第一节　2018 年服务型制造政策解析

一、2018 年服务型制造主要政策进展

2018 年，在制造业转型的历史背景和商业潮流共同作用下，服务型制造的内涵和外延逐渐丰富。在此背景下，我国政府逐步出台了发展服务型制造的相关政策文件。2018 年 3 月，工业和信息化部印发了《工业和信息化部办公厅关于做好 2018 年工业质量品牌建设工作的通知》(工信厅科函〔2018〕83 号)，提出全面加强质量管理和品牌建设，推动智能制造和绿色制造发展。2018 年 6 月，《国务院关于积极有效利用外资推动经济高质量发展若干措施的通知》(国发〔2018〕19 号)提出持续推进服务业开放。取消或放宽交通运输、商贸物流、专业服务等领域外资准入限制。2018 年 9 月，国务院印发《国务院关于推动创新创业高质量发展打造"双创"升级版的意见》(国发〔2018〕32 号)，指出深入推动科技创新支撑能力升级，鼓励建设"互联网+"创新创业平台，积极利用互联网等信息技术支持创新创业活动，进一步降低创新创业主体与资本、技术对接的门槛。

2018 年 10 月，工业和信息化部联合多部门印发《原材料工业质量提升三年行动方案（2018—2020 年）的通知》(工信部联科〔2018〕198 号)，提出建立产业集群质量提升服务体系，突出区域特色，引入计量校准、标准普及、检验检测与认证认可咨询、质量诊断与改进提升、品牌培育等服务。引导制定产业集群质量品牌建设团体标准，加大知识产权和集体商标保护力度，支持智能制造、绿色制造等方向的高质量产业集群发展建设。2018 年 11 月，工业和信息化部联合三部门印发《促进大中小企业融通发展三年行动计划的通知》(工信

部联企业〔2018〕248 号），鼓励大企业利用"互联网+"等手段，搭建线上线下相结合的大中小企业创新协同、产能共享、供应链互通的新型产业创新生态，促进生产制造领域共享经济新模式新业态发展，重构产业组织模式，推动中小企业高质量发展。2018 年 12 月，工业和信息化部印发《车联网（智能网联汽车）产业发展行动计划的通知》（工信部科〔2018〕283 号），明确提出加快建设智能网联汽车制造业创新中心，搭建产学研用联合的协同创新和成果转化平台。积极发挥产业联盟等的统筹协调作用，促进产业链上下游及与相关行业之间的有效融合，构建技术创新和产业生态体系。鼓励新型商业模式，积极培育创新应用，建设创新创业创优服务平台，促进形成新业务、新市场和新生态。2018 年服务型制造相关政策见表 6-1。

表 6-1　2018 年服务型制造相关政策

序号	发布时间	发布部门	文件名
1	2018 年 01 月 23 日	国务院办公厅	《国务院办公厅关于推进电子商务与快递物流协同发展的意见》（国办发〔2018〕1 号）
2	2018 年 06 月 15 日	国务院	《国务院关于积极有效利用外资推动经济高质量发展若干措施的通知》（国发〔2018〕19 号）
3	2018 年 09 月 26 日	国务院	《国务院关于推动创新创业高质量发展打造"双创"升级版的意见》（国发〔2018〕32 号）
4	2018 年 12 月 23 日	国务院办公厅	《国务院办公厅关于推广第二批支持创新相关改革举措的通知》（国办发〔2018〕126 号）
5	2018 年 03 月 14 日	工业和信息化部	《工业和信息化部办公厅关于做好 2018 年工业质量品牌建设工作的通知》（工信厅科函〔2018〕83 号）
6	2018 年 10 月 25 日	工业和信息化部 科技部 商务部 国家市场监督管理总局	《原材料工业质量提升三年行动方案（2018—2020 年）的通知》（工信部联科〔2018〕198 号）
7	2018 年 11 月 28 日	工业和信息化部 国家发展和改革委员会 财政部 国务院国有资产监督管理委员会	《促进大中小企业融通发展三年行动计划的通知》（工信部联企业〔2018〕248 号）
8	2018 年 12 月 25 日	工业和信息化部	《工业和信息化部关于加快推进虚拟现实产业发展的指导意见》（工信部电子（2018）276 号）
9	2018 年 12 月 27 日	工业和信息化部	《车联网（智能网联汽车）产业发展行动计划的通知》（工信部科〔2018〕283 号）

二、重点政策解析

（一）《国务院办公厅关于推进电子商务与快递物流协同发展的意见》（国办发〔2018〕1号）

为推进快递物流转型升级、提质增效，深入实施"互联网+流通"行动计划，提高电子商务与快递物流协同发展水平，提出此意见。

《意见》坚持问题导向，聚焦协同发展，明确了六个方面的政策措施：

一是强化制度创新，优化协同发展政策法规环境。简化快递业务经营许可程序；创新产业支持政策；健全企业间数据共享制度；健全协同共治管理模式。

二是强化规划引领，完善电子商务快递物流基础设施。构建适应电子商务发展的快递物流服务体系，保障基础设施建设用地；完善优化快递物流网络布局，推动电子商务和快递物流园区建设和升级。

三是强化规范运营，优化电子商务配送通行管理。推动各地从规范城市配送车辆运营入手，完善城市配送车辆通行管理政策，对快递服务车辆给予通行便利。

四是强化服务创新，提升快递末端服务能力。鼓励建设快递末端综合服务场所，促进快递末端配送、服务资源有效组织和统筹利用，发展集约化末端服务。

五是强化标准化智能化，提高协同运行效率。加强大数据、云计算、机器人等现代信息技术和装备在电子商务和快递物流领域应用；发展仓配一体化服务，优化资源配置，提升供应链协同效率。

六是强化绿色理念，发展绿色生态链。鼓励电子商务与快递物流企业开展供应链绿色流程再造，促进资源集约；推动绿色运输与配送，加快调整运输结构，鼓励企业优化调度，逐步提高快递物流领域新能源汽车使用比例。

《意见》提出，鼓励快递物流企业采用先进适用技术和装备，提升快递物流装备自动化、专业化水平。加强大数据、云计算、机器人等现代信息技术和装备在电子商务与快递物流领域应用，大力推进库存前置、智能分仓、科学配载、线路优化，努力实现信息协同化、服务智能化。

《意见》要求，创新价格监管方式，引导电子商务平台逐步实现商品定价与快递服务定价相分离，促进快递企业发展面向消费者的增值服务。创新公共服务设施管理方式，明确智能快件箱、快递末端综合服务场所的公共属性，为专业化、公共化、平台化、集约化的快递末端网点提供用地保障等配套政策。

（二）《国务院关于积极有效利用外资推动经济高质量发展若干措施的通知》（国发〔2018〕19 号）

《若干措施》规定，允许西部地区和东北老工业基地的外商投资企业在境外发行人民币或外币债券，并可全额汇回所募集资金，用于所在省份投资经营。在全口径跨境融资宏观审慎管理框架内，支持上述区域金融机构或经批准设立的地方资产管理公司按照制度完善、风险可控的要求，向境外投资者转让人民币不良债权；在充分评估的基础上，允许上述区域的银行机构将其持有的人民币贸易融资资产转让给境外银行。

《若干措施》同时强调，需引导各类绿色环保基金，按照市场化原则运作，支持外资参与国家级开发区环境治理和节能减排，为国家级开发区引进先进节能环保技术、企业提供金融支持。地方政府可通过完善公共服务定价、实施特许经营模式等方式，支持绿色环保基金投资国家级开发区相关项目。鼓励设立政府性融资担保机构，提供融资担保、再担保等服务，支持国家级开发区引进境外创新型企业、创业投资机构等，推进创新驱动发展。

（三）《国务院关于推动创新创业高质量发展打造"双创"升级版的意见》（国发〔2018〕32 号）

《意见》重点提出，完善支持创新和中小企业的政府采购政策。发挥采购政策功能，加大对重大创新产品和服务、核心关键技术的采购力度，扩大首购、订购等非招标方式的应用。在重点领域和关键环节加快建设一批国家产业创新中心、国家技术创新中心等创新平台，充分发挥创新平台资源集聚优势。建设由大中型科技企业牵头，中小企业、科技社团、高校院所等共同参与的科技联合体。加大对"专精特新"中小企业的支持力度，鼓励中小企业参与产业关键共性技术研究开发，持续提升企业创新能力，培育一批具有创新能力的制造业单项冠军企业，壮大制造业创新集群。健全企业家参与涉企创新创业政策制定机制。

《意见》要求，实施大中小企业融通发展专项行动计划，加快培育一批基于互联网的大企业创新创业平台、国家中小企业公共服务示范平台。推进国家小型微型企业创业创新示范基地建设，支持建设一批制造业"双创"技术转移中心和制造业"双创"服务平台。推进供应链创新与应用，加快形成大中小企业专业化分工协作的产业供应链体系。鼓励大中型企业开展内部创业，鼓励有条件的企业依法合规发起或参与设立公益性创业基金，鼓励企业参股、投资内部创业项目。鼓励国有企业探索以子公司等形式设立创新创业平台，促进混合所有制改革与创新创业深度融合。

《意见》同时强调，需更好发挥市场力量，加快发展工业互联网，与智能制造、电子商务等有机结合、互促共进。实施工业互联网三年行动计划，强化财税政策导向作用，持续利用工业转型升级资金支持工业互联网发展。推进工业互联网平台建设，形成多层次、系统性工业互联网平台体系，引导企业上云上平台，加快发展工业软件，培育工业互联网应用创新生态。推动产学研用合作建设工业互联网创新中心，建立工业互联网产业示范基地，开展工业互联网创新应用示范。加强专业人才支撑，公布一批工业互联网相关二级学科，鼓励搭建工业互联网学科引智平台。

（四）四部门关于印发《促进大中小企业融通发展三年行动计划的通知》（工信部联企业〔2018〕248号）

《行动计划》提出，依托特色载体打造大中小企业融通发展的新型产业创新生态。支持实体园区打造大中小企业融通发展特色载体，引导行业龙头企业发挥在资本、品牌和产供销体系方面的优势，打造有特色的孵化载体，开放共享资源和能力，推动大中小企业在创新创意、设计研发、生产制造、物资采购、市场营销、资金融通等方面相互合作，形成大中小企业协同共赢格局。实施中小企业信息化推进工程，推动大型信息化服务商提供基于互联网的信息技术应用。推广适合中小企业需求的信息化产品和服务，提高中小企业信息化应用水平。鼓励各地通过购买服务等方式，支持中小企业业务系统向云端迁移，依托云平台构建多层次中小企业服务体系。推动实施中小企业智能化改造专项行动，加强中小企业在产品研发、生产组织、经营管理、安全保障等环节对云计算、物联网、人工智能、网络安全等新一代信息技术的集成应用。

《行动计划》同时强调，需以智能制造、工业强基、绿色制造、高端装备等为重点，在各地认定的"专精特新"中小企业中，培育主营业务突出、竞争能力强、成长性好、专注于细分市场、具有一定创新能力的专精特新"小巨人"企业，引导成长为制造业单项冠军。鼓励中小企业以专业化分工、服务外包、订单生产等方式与大企业建立稳定的合作关系。支持制造业龙头企业构建基于互联网的分享制造平台，有效对接大企业闲置资源和中小企业闲置产能，推动制造能力的集成整合、在线共享和优化配置。鼓励大企业为中小企业提供一揽子的信息支持，包括上游产品供给、下游产品需求、产品质量及流程标准，提高全链条生产效率。推进工业强基、智能制造、绿色制造、服务型制造等专项行动，推动制造业龙头企业深化工业云、工业大数据等技术的集成应用，实现制造业数字化、智能化转型。

（五）四部门关于印发《原材料工业质量提升三年行动方案（2018—2020 年）的通知》（工信部联科〔2018〕198 号）

为进一步提升原材料工业发展质量和效益，更好支撑制造强国、质量强国建设，制定本行动方案。

《方案》强调，需推动智能制造、绿色制造等先进技术研发和应用，优化生产工艺流程及质量管控系统，提高全流程质量控制水平；加强原材料领域检验检测机构建设，鼓励应用工艺质量数据采集、集成和综合分析评价技术，完善原材料产品质量控制和技术评价体系。强化原始创新、集成创新和引进消化吸收再创新，研发应用新技术、新工艺，尽快形成一批带动原材料工业发展的核心技术。支持技术转移扩散和首次商业化应用，推动重大应用类基础研究成果转化，在新技术、新产品领域推广应用技术成熟度评价。

《方案》同时提出，严格落实钢铁、建材等行业规范条件，引导企业开展符合规范条件的自我声明，支持行业协会开展行业自律活动，督促企业规范经营。加大对生产许可证下放后大宗产品的抽检力度，推动大宗原材料质量满意度调查，引导企业形成以用户为中心的经营理念，从主要提供产品制造向提供产品和服务转变，促进原材料工业向服务型制造转型。

第二节　2018 年服务型制造产业发展现状

一、制造业与服务业增速稳步提升

2018 全年国内生产总值 900309 亿元，比 2017 年增长 6.6%。其中，第一产业增加值 64734 亿元，增长 3.5%；第二产业增加值 366001 亿元，增长 5.8%；第三产业增加值 469575 亿元，增长 7.6%。人均国内生产总值 64644 元，比 2017 年增长 6.1%。全年国民总收入 896915 亿元，比 2017 年增长 6.5%。工业与制造业方面，全部工业增加值 305160 亿元，比 2017 年增长 6.1%。规模以上工业增加值增长 6.2%。采矿业增长 2.3%，制造业增长 6.5%，电力、热力、燃气及水生产和供应业增长 9.9%。高技术制造业增加值比 2017 年增长 11.7%，占规模以上工业的比重达到 13.9%，装备制造业增加值快于全部规模以上工业增速。全国工业产能利用率为 76.5%。2018 年我国第二产业增加值占国内生产总值的比重为 40.7%。服务业方面，2018 年战略性新兴服务业、科技服务业和高技术服务业企业营业收入同比分别增长 14.9%、15.0% 和 13.4%；规模以上服务业企业营业利润增长 5.7%。

二、新兴产业成为拉动经济增长新动能

"大众创业、万众创新"蓬勃兴起，战略性新兴产业广泛融合，加快推动了传统产业转型升级，涌现了大批新技术、新产品、新业态、新模式，创造了大量的就业岗位，成为稳增长、促改革、调结构、惠民生的有力支撑。以新产业新业态新模式为代表的新兴动能茁壮成长。人工智能、大数据、物联网、5G 等新一代信息技术逐步普及，根据中国信息通信研究院《5G 经济社会影响白皮书》预测，2030 年，5G 带动的直接产出和间接产出将分别达到 6.3 万亿元和 10.6 万亿元。

第三节 面临的问题与挑战

一、整体处于发展初级阶段

目前，我国制造企业开展的服务型制造仍处于初级阶段。第一，多数制造企业的服务型制造提供的是初级的"附加性常规"服务，而真正体现比较优势的"融合竞争型"和"主导布局型"服务较少。第二，服务产出水平较低，除了服务化产出的绝对规模较低以外，相对比例也与国际水平存在明显差距。我国服务型制造先进企业的服务化产出占比在 10% 到 20% 之间，而国外制造企业的平均水平为 26%。第三，发展不平衡。行业骨干企业，珠三角、长三角等发达地区情况相对较好。造成这一问题的原因，一是制造企业自身缺乏足够的动力克服困难开展服务型制造；二是政策和研究没有起到引导作用。

二、企业自身动力不足

制造业企业自主开展服务型制造转型的动力不足。一是重批量生产轻个性化定制、重制造轻服务等传统粗放式工业发展思维模式仍有广泛市场；二是开展服务型制造，特别是融合竞争型服务、主导布局型服务，需要大量的资金与人力支持，短期投入较大，而长期面临市场、研发、经营等诸多风险；三是一些关键技术自主研发能力欠缺，缺乏提供差异化、个性化服务的技术支持，难以提供独占性的产品和服务，直接影响企业转型的程度和效果。

三、缺乏有力举措保障其发展

政策方面：一是各级政府文件和工作围绕"生产性服务"（《关于加快发展生产性服务业促进产业结构调整升级的指导意见》）展开，缺乏服务型制造的专门政策；二是政策不具体，制造强国战略限于规划层级，对于企业行为缺乏具体的引导作用；三是产业政策条块化特征与服务型制造的产业融合特征存在冲突，使得基层政府和企业畏手畏脚裹足不前；四是避重就轻，包括对服务的市场价值的正名与衡量制造商和服务商身份转化后的税收变化、知识产权保护、相关人才系统培育等问题的长期忽视。

研究方面：一是对服务型制造概念缺乏界定，生产性服务业和制造业服务化两个概念可能会把服务型制造向"过早剥离制造"和"服务偏离制造"等方向误导；二是相关研究缺乏兼具方向性和实操性的服务型制造实施模式和服务型制造效果评价；三是产学研相互脱节，未能形成合力，也导致相关政策制定不到位。总之，企业不清楚服务型制造的发展方向和实施路径。

四、服务型制造环境有待完善

面对制造与服务融合创新发展的趋势，我国现有的一些政策和制度环境已经表现出不适应，或者阻碍服务型制造的发展，需要尽快做出调整。一是有些领域因服务业开放程度不高或者进入门槛偏高，使得制造企业跨界延伸服务业务遭遇梗阻；二是制造业与服务业在管理机制上缺乏融合，制造企业开展服务业务时还难以享受到与服务业企业同等的优惠政策；三是服务型制造的标准体系、知识产权管理和保护等有待进一步规范和加强。

产业篇

第七章

钢铁产业结构调整

钢铁产业是我国国民经济发展的重要基础，推动了我国工业化进程的发展。随着我国不断推进供给侧结构性改革，我国钢铁产业的结构调整取得积极进展。2018年，钢铁产业发展面临的形势发生变化，我国采取多种政策措施促进钢铁产业健康发展，钢铁产业的发展取得较好成效，如粗钢产量稳步持续增长，价格总体稳定等。但是，钢铁产业发展仍面临违规产能可能出现、产品出口压力大等问题。

第一节　2018年钢铁产业结构调整的主要政策

2018年，钢铁产业持续推进供给侧结构性改革。我国先后出台了针对钢铁产业的化解过剩产能、防治大气污染、节能减排等方面的政策，如《工业和信息化部关于印发钢铁水泥玻璃行业产能置换实施办法的通知》（工信部原〔2017〕337号）、《关于做好2018年重点领域化解过剩产能工作的通知》（发改运行〔2018〕554号）等，推动了钢铁产业结构调整，对促进钢铁产业健康发展起到积极的作用。

一、政策基本情况

2018年1月8日，工业和信息化部发布《工业和信息化部关于印发钢铁水泥玻璃行业产能置换实施办法的通知》（工信部原〔2017〕337号），其中的《钢铁行业产能置换实施方法》共十二条，规定了哪些钢铁项目建设必须实施产能置换、可用于置换产能的类别，对置换比例的计算进行了规范，提出了未完成产能总量控制目标的省市不能承接其他省市出让的产能，提出了产能置换方案申请确认的方法，明确了产能置换各方的权利和责任，提出了未按要求实施产能置换的处理办法。

2018 年 2 月，工业和信息化部印发《工业和信息化部关于印发<2018 年工业节能监察重点工作计划>的通知》（工信部节函〔2018〕73 号），目的是充分发挥节能监察的监督保障作用，持续提升工业能效和绿色发展水平，助推工业经济高质量发展。该计划共分为四个部分，提出围绕重点工作深入开展专项节能监察，依法监督管理，持续做好日常节能监察，完善工作机制，不断提升节能监察效能及工作要求。

2018 年 3 月，工业和信息化部发布第 16 号公告，对钢铁行业规范企业进行了动态调整，加强了事后监管，经企业自查、省级工业主管部门和有关中央企业初审、专家核实和网上公示等程序，公布了撤销钢铁行业规范公告的企业名单、需整改的企业名单、变更企业名称和装备的企业名单。自 2013 年起，工业和信息化部已经分三批公告了 304 家规范企业名单。2018 年 3 月的公告，撤销规范企业 19 家、要求整改企业 12 家、变更装备企业 47 家和变更名称企业 24 家。经过此次调整，公告的钢铁行业规范企业总数减少到 256 家。

2018 年 4 月，国家发展改革委员会、工业和信息化部等六部门联合下发《关于做好 2018 年重点领域化解过剩产能工作的通知》（发改运行〔2018〕554 号），提出准确把握 2018 年化解过剩产能工作总体要求，科学安排 2018 年化解过剩产能目标任务，坚持深入推进钢铁去产能，坚定不移处置"僵尸企业"，稳妥做好职工安置工作，加快处置资产债务，大力推动转型升级，进一步优化产业布局，科学把握去产能力度和节奏，构建促进行业健康发展的长效机制，深化国企改革和产业融合，更好发挥奖补资金对去产能的支持作用，进一步压实各方责任等。

2018 年 6 月，中共中央、国务院发布《关于全面加强生态环境保护坚决打好污染防治攻坚战的意见》，目标是实现生态环境质量总体改善，主要污染物排放总量大幅减少，环境风险得到有效管控，生态环境保护水平同全面建成小康社会目标相适应。提出推动形成绿色发展方式和生活方式，坚决打赢蓝天保卫战等。

2018 年 6 月，国家发展和改革委员会发布《国家发展改革委关于创新和完善促进绿色发展价格机制的意见》（发改价格规〔2018〕943 号），提出要加快建立健全能够充分反映市场供求和资源稀缺程度、体现生态价值和环境损害成本的资源环境价格机制，完善有利于绿色发展的价格政策，聚焦污水处理、垃圾处理、节水、节能环保四个方面，完善污水处理收费政策，健全固体废物处理收费机制，建立有利于节约用水的价格机制，健全促进节能环保的电价机制。

2018 年 7 月，国务院发布《国务院关于印发打赢蓝天保卫战三年行动计划的通知》（国发〔2018〕22 号），提出调整优化产业结构，推进产业绿色发展，加快调整能源结构，构建清洁低碳高效能源体系，积极调整运输结构，发展绿色交通体系，优化调整用地结构，推进面源污染治理，实施重大专项行动，大幅减低污染物排放，强化区域联防联控，有效应对重污染天气，健全法律法规体系，完善环境经济政策等。

2018 年 7 月，工业和信息化部印发《工业和信息化部关于印发坚决打好工业和通信业污染防治攻坚战三年行动计划的通知》（工信部节〔2018〕136 号），目的是为贯彻落实《中共中央国务院关于全面加强生态环境保护坚决打好污染防治攻坚战的意见》，切实履行工业和通信业生态环境保护职责，在推动制造强国和网络强国建设中，全面推进工业绿色发展，坚决打好污染防治攻坚战，促进工业和通信业高质量发展。提出调整优化产业结构和布局，加快推进绿色智能改造提升，培育壮大绿色制造产业。

2018 年 7 月，国家发展和改革委员会、国家能源局下发了《关于积极推进电力市场化交易进一步完善交易机制的通知》（发改运行〔2018〕1027 号），提出钢铁、煤炭、有色、建材四大行业的用电计划和用电价格全部实行市场化。

2018 年 10 月，工业和信息化部等四部门联合发布《原材料工业质量提升三年行动方案（2018—2020 年）》（工信部联科〔2018〕198 号），该方案共包括 9 大部分：总体要求、行动目标、完善标准供给体系、实施质量技术攻关、开展质量分级评价、推动"互联网+"质量、提升产业集群质量、优化质量发展环境、保障措施。针对钢铁行业，提出以下要求：通用钢材产品的质量稳定性、可靠性、耐久性明显提高；高性能钢铁材料的批次稳定性和一致性稳步提高；钢材产品实物质量达到国际水平的产品比例超过 50%等。2018 年国家有关钢铁产业主要政策见表 7-1。

表 7-1　2018 年国家有关钢铁产业主要政策

序号	发布时间	发布单位	政策名称
1	2018.1	工业和信息化部	《工业和信息化部关于印发钢铁水泥玻璃行业产能置换实施办法的通知》（工信部原〔2017〕337 号）
2	2018.2	工业和信息化部	《工业和信息化部关于印发<2018 年工业节能监察重点工作计划>的通知》（工信部节函〔2018〕73 号）
3	2018.3	工业和信息化部	工业和信息化部公告 2018 年 16 号
4	2018.4	国家发展和改革委员会、工业和信息化部、能源局、财政部、人力资源和社会保障部、国务院国有资产监督管理委员会	《关于做好 2018 年重点领域化解过剩产能工作的通知》

序号	发布时间	发布单位	政策名称
5	2018.4	人力资源和社会保障部、国家发展和改革委员会、工业和信息化部、财政部、民政部、国务院国有资产监督管理委员会、国家能源局、全国总工会	《关于做好 2018 年重点领域化解过剩产能中职工安置工作的通知》
6	2018.6	国务院	《中共中央国务院关于全面加强生态环境保护坚决打好污染防治攻坚战的意见》
7	2018.6	国家发展和改革委员会	《国家发展改革委关于创新和完善促进绿色发展价格机制的意见》
8	2018.7	国务院	《国务院关于印发打赢蓝天保卫战三年行动计划的通知》
9	2018.7	工业和信息化部	《工业和信息化部关于印发坚决打好工业和通信业污染防治攻坚战三年行动计划的通知》
10	2018.7	国家发展和改革委员会、国家能源局	《关于积极推进电力市场化交易进一步完善交易机制的通知》
11	2018.9	工业和信息化部	《符合<废钢铁加工行业准入条件>企业名单（第六批）与变更<废钢铁加工行业准入条件>公告名称的企业名单》（中华人民共和国工业和信息化部公告 2018 年第 43 号）
12	2018.10	工业和信息化部、科技部、商务部、国家市场监督管理总局	《原材料工业质量提升三年行动方案(2018—2020 年)》
13	2018.11	工业和信息化部	《工业和信息化部关于工业通信业标准化工作服务于"一带一路"建设的实施意见》
14	2018.12	国家发展和改革委员会、生态环境部、工业和信息化部	中华人民共和国国家发展和改革委员会、中华人民共和国生态环境部、中华人民共和国工业和信息化部公告
15	2018.12	工业和信息化部	《产业转移指导目录（2018 年本）》

数据来源：赛迪智库整理，2019，03

2018 年 11 月，工业和信息化部发布了《工业和信息化部关于工业通信业标准化工作服务于"一带一路"建设的实施意见》(工信部科〔2018〕231 号)，该意见包括以下几大部分：总体要求、加强顶层设计、找准合作契机、聚焦重点领域、深化国际合作、推动标准联通共建、拓展产业发展空间、保障措施等。对于钢铁领域，重点加强先进钢铁材料、高端金属制品、铁矿石等领域国际标准制修订；鼓励我国冶金企业在哈萨克斯坦、印度尼西亚、马来西亚、越南、印度等国家投资建厂，以及在海外工程项目中积极与沿线国家合作开展相关先进钢铁材料的标准研制，推动工程建设、产品生产、配套设备及节能降耗与"三废"治理等中国标准的本土化应用；充分发挥国内钢铁产能和技术优势，鼓励企业在钢铁产品出口合同中采用中国标准。

2018 年 12 月，国家发展和改革委员会、生态环境部、工业和信息化部联合发布了《钢铁行业（烧结、球团）清洁生产评价指标体系》《钢铁行业（高炉炼铁）清洁生产评价指标体系》《钢铁行业（炼钢）清洁生产评价指标体系》《钢铁行业（钢延压加工）清洁生产评价指标体系》《钢铁行业（铁合金）清洁生产评价指标体系》《再生铜行业清洁生产评价指标体系》等行业清洁生产评价指标体系。

2018 年 12 月，工业和信息化部发布了《产业转移指导目录(2018 年本)》，其中有 19 个省市涉及钢铁产业的调整。其中，北京、辽宁、上海、山东、山西、河南、青海、新疆和海南 9 地将不再承接炼钢、炼铁产业。天津市北辰区、河北省张家口市、廊坊市、江苏省太湖区域、广东省广州东莞等 9 市的相关炼钢、炼铁产能将逐步引导退出。

从地方层面来看，江苏、河北等钢铁大省均发布了相关政策。2018 年地方有关钢铁产业主要政策见表 7-2。2018 年 2 月，河北省发展和改革委员会、商务厅印发《河北省钢铁企业国际产能合作实施方案》(冀发改外资〔2018〕1743 号)。该方案提出，立足河北省钢铁产业优势，发挥河钢塞尔维亚公司的示范作用，依托省内有实力的重点钢铁企业，聚焦重点国别区域，积极融入"一带一路"建设，围绕钢铁产业配套延伸产业链条，通过多种方式建立海外生产基地，获取国外优质资产、国际知名品牌、研发中心和营销网络，带动装备、技术、品牌、标准、管理和服务"走出去"，提升钢铁企业国际竞争力，促进钢铁产业转型升级。河北省钢铁企业国际产能合作的主要目标：到 2020 年年末，河北省钢铁企业在境外产能力争达到 1200 万吨；在境外初步形成以生产基地(产业园区)为龙头，以关联产业相配套，以上下游产业相衔接的海外钢铁布局。

2018 年 3 月，江苏经济和信息化委员会发布《关于做好钢铁行业规范企业动态管理的通知》，促进钢铁企业规范管理，明确报送动态管理资料企业范围，对列入工业和信息化部《规范条件》公告名单的企业，要报送 2017 年度自查报告，其中生产装备、公司名称等与 2016 年度申报材料相比，存在变更情形的要提交变更申请等。

2018 年 4 月，湖北省经济和信息化委员会发布《省经信委办公室关于印发湖北省钢铁、水泥、玻璃、电解铝行业产能置换方案公告工作规程的通知》(鄂经信办重化〔2018〕25号)。该通知提出，全省钢铁(不包括中央在鄂企业)、水泥熟料、平板玻璃、电解铝企业在开展下列工作前，须制定产能置换方案并公告新(改、扩)建项目备案(不包括熔窑能力≤150吨/天的新建工业用平板玻璃项目)、产能指标转移。对于钢铁行业，可用于置换的产能指标，须符合下列条件，且不得重复使用：在2016年省人民政府上报国务院备案化解过剩产能实施方案的冶炼设备清单内；2016年及以后建成的合法合规冶炼设备。其中，列入钢铁去产能任务的产能、享受奖补资金和政策支持的退出产能、"地条钢"产能、已超过国家明令淘汰期限的落后产能、在确认置换前已拆除主体设备的产能、铸造等非钢铁行业冶炼设备产能均不得用于置换。2018年地方有关钢铁产业主要政策见表7-2。

表7-2　2018年地方有关钢铁产业主要政策

序号	发布时间	发布单位	政策名称
1	2018年2月	河北省发展和改革委员会、商务厅	《河北省钢铁企业国际产能合作实施方案》(冀发改外资〔2018〕1743号)
2	2018年3月	江苏经济和信息化委员会	《关于做好钢铁行业规范企业动态管理的通知》(苏经信材料〔2018〕181号)
3	2018年4月	湖北省经济和信息化委员会	《省经信委办公室关于印发湖北省钢铁、水泥、玻璃、电解铝行业产能置换方案公告工作规程的通知》(鄂经信办重化〔2018〕25号)
4	2018年8月	辽宁工业和信息化委员会	《关于进一步做好工业节能环保有关工作的通知》
5	2018年9月	山东省人民政府办公厅	《支持实体经济高质量发展的若干政策》
6	2018年10月	山东省人民政府办公厅	《关于加快七大高耗能行业高质量发展的实施方案》(鲁政字〔2018〕248号)
7	2018年10月	广西省工业和信息化委员会	《自治区工业和信息化委关于印发广西钢铁产业集群及产业链发展方案的通知》(桂工信原〔2018〕904号)
8	2018年10月	浙江经济和信息化委员会	《关于印发浙江省部分产能严重过剩行业产能置换实施细则的通知》
9	2018年11月	山东省人民政府	《山东省新材料产业发展规划(2018—2022)》(鲁政字〔2018〕246号)
10	2018年12月	浙江省生态环境厅、经济和信息厅、发展和改革委员会	《关于印发<浙江省重点行业秋冬季错峰生产工作指导意见>的通知》

数据来源：赛迪智库整理　2019，04月

2018 年 10 月，广西省工业和信息化委员会发布《自治区工业和信息化委关于印发广西钢铁产业集群及产业链发展方案的通知》。方案由总体思路、发展目标、重点任务及保障措施四个方面内容构成。方案提出了到2020年全区钢铁产业集群规模目标及装备技术、产品结构、产业布局等方面的具体目标。重点任务部分提出，要继续贯彻国家钢铁产业政策精神，坚持从严治理，坚定不移化解过剩产能。合理布局，集群发展，培育钢铁之"林"，利用好"两种资源、两个市场"，遵循贴近市场、优化物流、集约发展、提效降本的基本规律，推动具备条件的企业向创新环境最好、综合成本最低、集约发展最优、支撑条件最佳的区域转移，着力打造桂中钢铁产业集群、桂东钢铁产业集群、北部湾沿海钢铁集群、沿西江钢铁集群、不锈钢集群。依托龙头，强链补链，延伸钢铁之"叶"，充分发挥政策引领作用，引导相互关联的企业纵向配套、横向协作，加快企业集聚，延伸产业链条，重点发展建筑钢、汽车钢、船舶用钢、不锈钢新材料这四条主链，打造完善钢铁产业的体系，实现全产业链发展等。

二、重点政策解析

（一）化解过剩产能，积极推进产能置换

2018 年，我国钢铁产业继续化解过剩产能，严格控制新能产能，出台一系列措施明确产能置换的具体办法。

《打赢蓝天保卫战三年行动计划》（国发〔2018〕22 号）提出，重点区域严禁新增钢铁、焦化、电解铝、铸造、水泥和平板玻璃等产能；严格执行钢铁、水泥、平板玻璃等行业产能置换实施办法。加大落后产能淘汰和过剩产能压减力度。严格执行质量、环保、能耗、安全等法规标准。提高重点区域过剩产能淘汰标准。重点区域加大独立焦化企业淘汰力度，京津冀及周边区域实施"以钢定焦"，力争到 2020 年炼焦产能与钢铁产能比达到 0.4 左右。严防"地条钢"死灰复燃。2020 年，河北省钢铁产能将控制在 2 亿吨以内；列入去产能计划的钢铁企业，须一并退出配套的烧结、焦炉、高炉等设备。

《关于做好 2018 年重点领域化解过剩产能工作的通知》（发改运行〔2018〕554 号）强调，2018 年化解过剩产能工作要坚持稳中求进的工作总基调，坚持新发展理念，坚持用市场化、法治化手段去产能，更加突出质量第一、效益优先，把处置"僵尸企业"作为重要抓手，把提高供给体系质量作为主攻方向；更加注重在"破""立""降"上下功夫，大力破除无效供给，扩大优质增量

供给，实现供需动态平衡，保持价格基本稳定；更加严格执行质量、环保、能耗、安全等法规标准，严格治理各种违法违规行为，倒逼落后产能退出，巩固已有成果，防止已经化解的过剩产能死灰复燃。该通知明确了2018年再压减钢铁产能3000万吨左右，深入开展钢铁去产能工作。

《钢铁行业产能置换实施办法》提出，产能置换须同时满足"1个必须+6个不得"这两个要求。"1个必须"具体指用于产能置换的冶炼装备须是国务院国资委、各省级人民政府2016年上报国务院备案去产能实施方案的钢铁行业冶炼装备家底清单内的冶炼装备和2016年及以后合法合规建成的冶炼设备。"6个不得"具体指用于产能置换的产能不得为：列入钢铁去产能任务的产能、享受奖补资金和政策支持的退出产能、"地条钢"产能、落后产能、在确认置换前已拆除主体设备的产能、铸造等非钢铁行业冶炼设备产能。该实施办法对用于计算置换比例的产能换算表进行了调整，取消了同一炉容转（电）炉对应不同的普钢、特钢产能换算数，调整为统一换算数，并按照全废钢冶炼时电炉的产能，对产能换算表中电炉等产能换算标准进行了调减。

（二）加大污染防治力度

钢铁产业属于重污染行业，针对该产业的特点，各地采取必要措施，不断减少污染物的排放，为改善空气质量做贡献。

《打赢蓝天保卫战三年行动计划》（国发〔2018〕22号）提出，各地积极推行区域、规划环境影响评价，新、改、扩建钢铁、石化、化工、焦化、建材、有色等项目的环境影响评价，应满足区域、规划环评要求。

各地持续推进工业污染源全面达标排放，将烟气在线监测数据作为执法依据，加大超标处罚和联合惩戒力度，未达标排放的企业一律依法停产整治。各地建立覆盖所有固定污染源的企业排放许可制度，2020年年底前，完成排污许可管理名录规定的行业许可证核发。

各地推动实施钢铁等行业超低排放改造，重点区域城市建成区内焦炉实施炉体加罩封闭，并对废气进行收集处理。各地开展钢铁、建材、有色、火电、焦化、铸造等重点行业及燃煤锅炉无组织排放排查，建立管理台账，对物料（含废渣）运输、装卸、储存、转移和工艺过程等无组织排放实施深度治理，在2018年年底前京津冀及周边地区基本完成治理任务，长三角地区和汾渭平原2019年年底前完成，全国2020年年底前基本完成。

《工业和信息化部关于印发坚决打好工业和通信业污染防治攻坚战三年行动计划的通知》提出，强化"散乱污"企业综合整治。工业和信息化部将积极配合生态环境部，根据产业政策、产业布局规划及土地、环保、质量、安全、能耗等要求，参与制定"散乱污"企业及集群整治标准。各地配合生态环境部门开展"散乱污"工业企业排查和分类。重点区域实施秋冬季重点行业错峰生产。各地针对钢铁、建材、焦化、铸造、电解铝、化工等高排放行业，科学制定错峰生产方案，实施差别化管理，并将错峰生产方案细化到企业生产线、工序和设备。企业未按期完成治理改造任务的，一并纳入当地错峰生产方案，实施停产。各地加大秋冬季对工业企业生产的调控力度，加强错峰生产督导检查，严防错峰生产"一刀切"和扩大范围情况的发生。

《中共中央 国务院关于全面加强生态环境保护坚决打好污染防治攻坚战的意见》提出，重点区域和大气污染严重的城市加大钢铁、铸造、炼焦、建材、电解铝等产能压减力度，实施大气污染物特别排放限值。重点区域采暖季节，对钢铁、焦化、建材、铸造、电解铝、化工等重点行业企业实施错峰生产。

（三）妥善安置去产能过程中的分流职工

我国积极推进供给侧结构性改革，在此过程中，钢铁产业去产能工作不断推进，职工安置是重中之重，应该确保分流职工就业有出路、生活有保障，确保不发生因职工安置引发的规模性失业和重大群体性事件，实现职工安置工作平稳有序推进，促进经济高质量发展和社会和谐稳定。

《关于做好 2018 年重点领域化解过剩产能中职工安置工作的通知》（人社部发〔2018〕28 号）将职工安置作为重中之重，坚持与去产能工作同谋划、同部署、同推进，夯实责任，加强协调，精准施策，防范风险，确保分流职工就业有出路、生活有保障，确保不发生因职工安置引发的规模性失业和重大群体性事件，实现职工安置工作平稳有序推进，为经济高质量发展和社会和谐稳定作出更大贡献。该通知明确安置范围。2018 年去产能职工安置工作的对象包括：2018 年度钢铁、煤炭和煤电行业去产能企业的分流职工，2017 年结转的尚未分流安置职工；2016、2017 年度内部转岗但因企业继续去产能需再次分流安置的职工、未联系上现找回并核实的职工。已与企业依法解除、终止劳动关系或享受基本养老保险待遇的劳动者，不纳入 2018 年职工安置范围。

第二节　2018 年钢铁产业结构调整的主要情况

2018 年，钢铁产业深入推进供给侧结构性改革，坚持新的发展理念，实现稳中向好的发展。2018 年是近几年来行业运行最平稳、效益最好的一年，优势产能得以发挥，产需基本平衡，价格稳定，企业效益改善，我国钢铁产业已经踏上了高质量发展的征程。

一、粗钢产量稳步持续增长

近年来，我国粗钢产量总体上呈现出上升的趋势。2018 年，我国钢铁产业的优势产能不断释放，钢铁产量呈现出继续上涨的态势。2018 年，我国生铁、粗钢和钢材（含重复材）产量分别为 7.71 亿吨、9.28 亿吨和 11.06 亿吨，同比分别增长 3.0%、6.6% 和 8.5%。其中，粗钢产量增速比 2017 年增长 0.9 个百分点。①而且粗钢产量创历史新高，我国粗钢产量在全球粗钢产量中所占比重进一步提高。2001—2018 年我国粗钢产量及增速如图 7-1 所示。

图 7-1　2001—2018 年我国粗钢产量及增速

（数据来源：和讯网）

二、钢铁价格总体处于较高水平

2018 年，我国钢材的价格延续了 2017 年下半年的走势，价格总体上处于较高的水平。2018 年钢材综合价格指数平均为 115.8 点，同比增长 7.6%。2018 年上半年，钢材价格指数波动不太大，基本上处于稳定状态，8 月起价格持续上涨，11 月份钢材价格开始快速下跌，2018 年 12 月底钢材综合价格指数为 107.1 点。但在钢材的细分品种中，长材价格指数由 2018 年年初的 119.64 点下降至 2018 年年末的 113.26 点；板材的价格指数由 2018 年年初的 112.31 点下降至 2018 年年末的 102.94 点；5mm 高线价格指数由 4207 点下降至 4054 点。

---

① 数据来源于工业和信息化部网站。

2017 年以来钢材综合价格指数（中钢协）如图 7-2 所示。

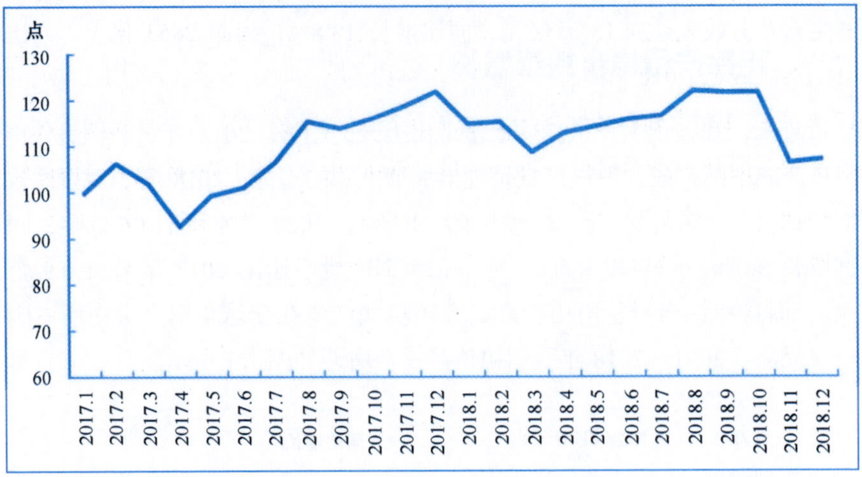

图 7-2 2017 年以来钢材综合价格指数（中钢协）

（数据来源：Wind 数据库，2019，03）

三、钢材出口数量出现下降

2000 年以来，总体上来看，我国钢材的出口呈上升趋势。但是自 2016 年以来，我国钢材出口数量出现了下降的态势。2018 年，我国出口钢材 6934 万吨，较 2017 年下降 8.1%；出口金额 3985 亿元，同比增长 7.7%；平均出口价格为每吨 5747 元，同比增长 17.2%。进口钢材 1317 万吨，同比下降 1.0%；进口金额 1083 亿元，同比增长 5.5%；平均价格每吨 8225 元，同比增长 6.5%。[①]

但是我国对部分地区的出口出现增长。我国出口至泰国、越南、菲律宾、印度尼西亚、马来西亚等国家的镀层板量增长约 20%。我国对南美洲、非洲等地区的钢材出口量也呈现增长态势。从中厚宽钢带产品来看，我国出口肯尼亚、阿尔及利亚、坦桑尼亚非洲等国的数量增长超过 30%。

四、企业经济效益不断好转

受供给侧结构性调整、市场需求、环保等因素的共同影响，2018 年的钢材价格高位运行，行业效益水平较好。2018 年，我国钢铁行业主营业务收入 7.65 万亿元，同比增长 13.8%；企业利润攀升，全年实现利润 4704 亿元，同比增长

---

① 工业和信息化部网站：2018 年钢铁行业运行情况。

39.3%。其中，黑色金属矿采选业利润 73 亿元，下降 34.4%；黑色金属冶炼和压延加工业实现利润 4029 亿元，增长 37.8%。从企业来看，重点大中型钢铁企业的主营业务收入达 4.13 万亿元，同比增长 13.8%；利润 2863 亿元，同比增长 41.1%。截至 2018 年年底，重点大中型钢铁企业资产负债率为 65.02%，较 2017 年下降 2.6 个百分点。不少企业的盈利结构及经营性现金流状况好转，经营效益显著提升，企业财务杠杆率降低。2000 年以来我国钢材进出口情况如图 7-3 所示。

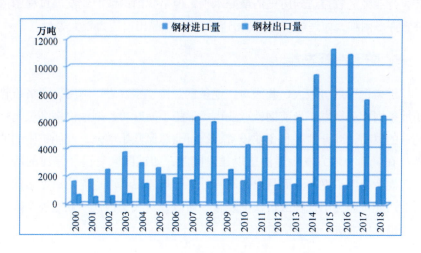

图 7-3　2000 年以来我国钢材进出口情况

五、钢铁产业国际化水平不断提高

钢铁产业在国际化方面不断取得新的进展。如 2018 年 5 月，中冶赛迪总承建、中国十九冶施工的台塑越南河静钢铁兴业有限公司 2 号高炉已经点火投产。该钢厂是越南迄今为止最大的投资项目，也是东南亚地区最大的钢铁联合企业。2 号高炉投产运行后，河静钢厂每年的钢产量将达到 700 万吨。[①]2018 年 8 月，上海宝冶在马来西亚承建的 350 万吨联合钢铁项目炼全线投产，这是"一带一路"沿线投资建设的第一个现代化全流程综合性钢铁厂。河钢集团与菲律宾亚洲钢铁公司组建投资联合体，拟建一个钢铁联合企业，集港口、烧结、焦化、球团、炼铁、炼钢、轧制和深加工为一体，铁钢配套生产规模约每年 800 万吨。

此外，我国钢铁装备技术出口及海外工程总承包也取得了一定的进展，已

---

① http://www.sasac.gov.cn/n2588025/n2588124/c9045915/content.html。

从单个设备及部件的出口，转向成套设备出口及工程总承包，与欧美传统冶金技术装备企业同台竞争，国际竞争力不断提升。如由中冶集团总承包的台塑越南河静钢厂项目已顺利投产，技术装备达到国际先进水平。

第三节　面临的问题与挑战

虽然我国钢铁产业结构调整取得了一定的成效，整个产业的经营状况不断好转，行业经济效益达到历史的最好水平，但是我国钢铁产业发展过程中依然面临着许多困难，如违规产能增长仍需防范、产品出口压力较大等。

一、防范违规产能

"地条钢"危害较大，我国对"地条钢"持"零容忍"态度，严格监管，严防地条钢死灰复燃。当前钢铁产业市场形势不断好转，钢铁价格高位运行。受利益的驱动，部分地区和企业投资钢铁行业意愿开始增强，产能扩张的冲动依然存在。部分地方发生违法违规建设问题，如试图恢复已经停建的冶炼项目，违规新上电炉钢等。而且已经有查处了一批违规新增产能的典型案例。合规企业产能可能会出现释放过快的现象。所以，对我国钢铁产业违规产能不能放松警惕，仍需进一步严格监督。

二、产品出口压力较大

受国际贸易环境、国际市场不确定性等因素的影响，导致我国钢材出口量出现了下降，这一趋势在短期内不会出现较大改变，必然会加大国内市场的压力。当前全球经济发展出现分化，如美国经济持续复苏，欧元区经济疲软。国际市场形势复杂严峻，市场需求增速放缓，贸易保护主义不断抬头，全球贸易摩擦不断，主要经济体之间经贸摩擦的负面效应逐渐显现，加大了我国钢材出口的压力。如，美国对我国的钢铁产品发起了"201、421、337、232"等"保障措施"或特保调查，利用多种形式的关税限制我国钢铁产品进口。兰格钢铁研究中心数据显示，2018 年我国钢铁产品遭受贸易救济调查 36 起。

三、自主创新能力不足

我国已经成为钢铁生产第一大国，整体工艺装备、技术水平已经取得了长足的发展。如我国研发生产的磁轭磁极钢板、电站蜗壳用钢板等产品性能达到世界领先水平。但是许多产品自主创新能力、部分关键核心技术突破方面与国外先进水平相比仍存在一定差距，未形成引领创新局面，部分高端产品质量稳定性、一致性仍亟待提高，仍存在着部分前沿技术、核心技术和关键技术的缺失。所以，钢铁产业的创新能力有待进一步提高。

四、融资难、融资贵问题尚未根本解决

钢铁产业属于产能过剩行业、传统行业，转型升级难度大。2018 年我国完成了钢铁的去产能任务 1.5 亿吨的目标，去产能政策的力度较大，而且我国不断强化防范化解金融风险，金融机构调整优化贷款结构，压缩产能过剩行业的整个信贷规模，对钢铁企业的贷款规模控制较为严格。部分钢铁企业融资难、融资贵的问题尚未得到根本解决。

第八章

有色金属产业结构调整

我国有色金属产业规模庞大，品类齐全，生产体系涵盖采选、冶炼、加工等各个环节。随着全球经济缓慢复苏、新产业发展带来了新增需求，有色金属产业的整体形势稳中向好，但不同品种间的价格走势进一步分化，有色金属冶炼加工行业应对贸易壁垒、管控生产成本、实现绿色发展的压力有所增加，仍面临各方面的风险因素。2018年，面对国际复杂的贸易形势，我国有色金属工业供给侧结构性改革不断深入推进，各项工作稳步开展，供给结构持续得到优化，在质量基础设施、关键工艺技术、产品实物质量、有效供给能力等方面取得一系列突破，供给侧结构性改革取得积极成效。

第一节 2018 年有色金属产业结构调整的主要政策

一、政策基本情况

2018 年，随着我国供给侧结构性改革不断深入推进，我国有色金属产业结构调整和转型升级进入关键期。这一时期，我国先后围绕资源税改革、产品质量、绿色制造、智能制造、循环经济、产能置换、标准规范等领域实施针对性政策方案。例如，在矿产资源开发利用方面，国务院先后印发《全国国土规划纲要（2016—2030 年）》《关于全民所有自然资源资产有偿使用制度改革的指导意见》。在节能环保和循环利用方面，国务院、生态环境部先后发布《生产者责任延伸制度推行方案》《污染源源强核算技术指南 有色金属冶炼》《废铅蓄电池污染防治行动方案》。在有色金属工业高质量发展方面，工业和信息化部制定了《重点新材料首批次应用示范指导目录（2017 年版）》，并与财政部、中国银行保险监督管理委员会（原中国银行保险监督管理委员会）共同发布了《关于开展重点新材料首批次应用保险补偿机制试点工作的通知》。在标准建设方面，自然资源部、工业和信息化部先后发布《有色金属行业绿色矿山建设规范》、《锂离子电池行业规范条件（2018年本）》等。在产能置换方面，国家发展和改革委员会、工业和信息化部印发了《关于企业集团内部电解铝产能跨省置换工作的通知》《产业结构调整指导目录（2019年本，征求意见稿）》。2017—2019年有色金属产业结构调整相关政策如表8-1所示。

表8-1　2017—2019年有色金属产业结构调整相关政策

发布时间	发布部门	文件名称
2017年01月	国务院	《全国国土规划纲要（2016—2030年）》（国发〔2017〕3号）
2017年01月	国务院	《生产者责任延伸制度推行方案》（国办发〔2016〕99号）
2017年01月	国务院	《关于全民所有自然资源资产有偿使用制度改革的指导意见》（国发〔2016〕82号）
2017年01月	国家税务总局、原国土资源部	《关于落实资源税改革优惠政策若干事项的公告》（国家税务总局 国土资源部 公告2017年第2号）
2017年01月	工业和信息化部、国家发展和改革委员会、科学技术部、财政部	《关于印发新材料产业发展指南的通知》（工信部联规〔2016〕454号）
2017年02月	工业和信息化部	《关于推进黄金行业转型升级的指导意见》（工信部原〔2017〕10号）
2017年03月	工业和信息化部	《关于征集涉重金属重点行业清洁生产先进适用技术的通知》（工厅节〔2017〕202号）
2017年07月	最高人民法院	《关于审理矿业权纠纷案件适用法律若干问题的解释》（法释〔2017〕12号）
2017年09月	工业和信息化部	《重点新材料首批次应用示范指导目录（2017年版）》（工信部原〔2017〕168号）
2017年09月	工业和信息化部、财政部、中国银行保险监督管理委员会（原中国银行保险监督管理委员会）	《关于开展重点新材料首批次应用保险补偿机制试点工作的通知》（工信部联原〔2017〕222号）
2017年09月	工业和信息化部	《关于企业集团内部电解铝产能跨省置换工作的通知》（工信厅原〔2017〕101号）
2017年09月	原国土资源部	《矿业权交易规则》（国土资规〔2017〕7号）
2018年01月	工业和信息化部	《关于电解铝企业通过兼并重组等方式实施产能置换 有关事项的通知》（工信部原〔2018〕12号）
2018年05月	工业和信息化部	《关于下达2018年第一批稀土开采、生产总量控制计划的通知》（工信部联原〔2018〕76号）

续表

发布时间	发布部门	文件名称
2018 年 06 月	自然资源部	《有色金属行业绿色矿山建设规范》
2018 年 10 月	工业和信息化部	《原材料工业质量提升三年行动方案（2018—2020 年）》（工信部联科〔2018〕198 号）
2018 年 12 月	工业和信息化部	《产业转移指导目录（2018 年本）征求意见稿》
2018 年 12 月	生态环境部	《污染源源强核算技术指南 有色金属冶炼》（生态环境部（2018）59 号）
2019 年 01 月	生态环境部	《废铅蓄电池污染防治行动方案》（环办固体〔2019〕3 号）
2019 年 01 月	工业和信息化部	《锂离子电池行业规范条件（2018 年本）》
2019 年 01 月	工业和信息化部、国家发展和改革委员会	《两部门关于促进氧化铝产业有序发展的通知》（发改办〔2018〕1655 号）
2019 年 04 月	国家发展和改革委员会	《产业结构调整指导目录（2019 年本， 征求意见稿）》

资料来源：赛迪智库

二、重点政策解析

（一）《产业发展与转移指导目录（2018 年本）》

为贯彻落实党中央、国务院《关于建立更加有效的区域协调发展新机制的意见》精神，加速推动产业合理有序转移，有力促进区域协调发展向更高水平和更高质量发展，2018 年 12 月，工业和信息化部发布《产业发展与转移指导目录（2018 年本）》（以下简称《目录》），基于当前国内外发展局势对《产业转移指导目录（2012 年本）》进行全方位修订。

《目录》牢固树立和践行"绿水青山就是金山银山"的发展理念，严守不破坏生态环境的底线，以供给侧结构性改革为主线，调整产业结构，推进产业转移，构建因地制宜、特色突出、区域联动、错位竞争的产业发展新格局。

一是推动有色金属产业向资源优势地区转移。统筹协调西部、东北、中部、东部四大板块，发挥区域比较优势，推进差异化协同发展，综合考虑能源资源、环境容量、市场空间等因素，西部地区重点建设西安和昆明稀有金属等精深加工产业集聚区，打造攀西钒钛材料产业集群和稀土研发制造基地。东北地区积极发展铜、铝、钼、镍、镁、钛等深加工产品。中部地区打造郑州铝合金、洛阳铝钼钛、铜陵铜基新材料、鹰潭铜、赣州钨和稀土、株洲硬质合金等有色金属精深加工产业集聚区。东部地区做优做强有色金属精深加工产业，在珠三角、长三角、环渤海等区域建设绿色化、规模化、高值化再生金属利用示范基地。

二是稳步推进重点地区退出有色金属冶炼和压延加工业。其中，北京市不再承接有色金属冶炼和压延加工业、金属制品业产业；上海市引导逐步退出铜、铝、铅、锌、镍、锡、锑、汞、镁、钛、硅等常用有色金属冶炼产业；浙江省引导退出的产业有铜冶炼、电解铝项目氧化铝、电解铝等冶炼行业；广东省引导逐步调整产业退出铜、铝、铅、锌、镍、锡、锑、汞、镁、钛、硅等常用有色金属冶炼、钨钼、稀土，以及其他稀有金属冶炼，金、银及其他贵金属冶炼；河北省引导退出铜、铝、铅、锌、镍、锡、锑、汞、镁、钛、硅等常用有色金属冶炼、金、银以及其他贵金属冶炼、有色金属普通铸造产业，不再承接色金属压延加工产业。

三是优化有色金属行业空间布局，支持重点省市地优先承接发展。其中，辽宁省重点发展铝压延加工、镁合金材料压延加工、钛及钛合金加工材、铜压延加工。吉林省发展铝压延加工、钼深加工产品、黄金加工及纳微米复合材料、微孔晶体、钛硅酸盐、磷酸铝化合物、高压相材料、超硬材料等新材料。黑龙江省重点发展高精度铝板带、铝合金、镁合金、铝镁合金、钛合金、新型焊接材料、铜高精板带、精密铜管、铜合金棒材、钼深加工产品、黄金加工、石墨烯材料及制品、碳化硅。内蒙古自治区重点发展铝压延加工、铜压延加工、稀土金属材料压延加工、锗冶炼深加工、镁冶炼深加工、高铝粉煤灰提取氧化铝、铅锌冶炼。广西壮族自治区发展稀土金属冶炼、铝压延加工、铜压延加工、金属结构。云南省重点发展铟、锗冶炼、铝压延加工、铜压延加工、贵金属压延加工、锡材料压延加工、钛及钛合金材料压延加工、水电硅材加工一体化、铅锌深加工、稀土功能材料及稀土深加工产品。

（二）《原材料工业质量提升三年行动方案（2018—2020 年）》（工信部联科〔2018〕198 号）

原材料工业作为国民经济的基础和支柱产业，其发展水平直接影响着制造业发展的质量和效益。为进一步提升原材料工业发展质量和效益，增加高性能、功能化、差别化产品的有效供给，更好支撑制造强国、质量强国建设，2018 年 10 月，工业和信息化部印发《原材料工业质量提升三年行动方案（2018—2020 年）》（以下简称《方案》）。

《方案》提出到 2020 年，我国原材料产品质量明显提高，部分中高端产品进入全球供应链体系，供给结构得到优化，原材料工业供给侧结构性改革取得积极成效。其中，高技术船舶、先进轨道交通、节能与新能源汽车等重点领域用有色金属材料质量均一性提高，中高端产品有效供给能力增强。有色金属产品整体质量水平提高，航空铝材、铜板带材等精深加工产品综合保障能力超过70%。《方案》重点围绕标准供给体系、质量技术攻关、质量分级评价、"互联网+"质量、产业集群质量、质量发展环境六个维度逐一提升原材料工业发展质量和效益。其中，在提升产业集群质量方面，《方案》提出，结合国家新型工业化产业示范基地、制造业创新中心及产业集群区域品牌建设工作，在钢铁、石化、有色、建材等产业聚集区开展产业集群质量提升行动，以智能、绿色、环保、安全为导向，以标准、技术、信誉、效率和效益等为要素，培育质量竞争型产业集群。

（三）《污染源源强核算技术指南 有色金属冶炼》（生态环境部〔2018〕59号）

为贯彻落实《中华人民共和国环境保护法》和《中华人民共和国环境影响评价法》，完善固定污染源环境管理技术支撑体系，指导和规范固定污染源源强核算工作，2018年12月，生态环境部刊发《污染源源强核算技术指南 有色金属冶炼》（以下简称《指南》）。

《指南》旨在优化完善我国有色金属冶炼行业污染源源强核算技术体系，着力解决当前我国污染物识别不明确、核算方法及参数选取不规范、核算结果差异性大等问题，提高污染源源强核算的规范性、科学性、可操作性，有利于促进环保工作的精细化管理、区域流域污染物总量控制。

《指南》适用于铜、铝、铅、锌、镍、钴、锡、锑、汞、镁、钛等有色金属冶炼生产过程的废气、废水、噪声、固体废物污染源强核算，根据污染源强核算程序，《指南》可分为四方面内容。

一是污染源识别。有色金属冶炼行业污染源识别涵盖所有可能产生废气、废水、噪声、固体废物污染物的场所、设备或装置。

二是污染物确定。有色金属冶炼行业污染物确定应按照国际及地方排放现有标准中的污染物，对生产过程中产生但国家或地方污染物排放标准中尚未列入的污染物，可依据环境质量标准、其他国家排放标准等，根据原辅材料及燃料使用和生产工艺的具体情况进行分析确定。

三是核算方法选取。污染源源强核算方法包括实测法、类比法、物料衡算法、产污系数法等。《指南》按照不同污染物给出了各种核算方法的优先选取次序，要求按次序核算。以铜冶炼为例，废气污染源主要来自备料废气排气设施、制酸尾气（熔炼炉、吹炉烟气等）排气设施、精炼炉烟气排气设施、环境集烟烟气排气设施、电解液循环槽废气排气设施、无组织源废气等。污染物包括颗粒物、二氧化碳、氮氧化物、铅及其化合物、砷及其化合物、硫酸雾、氟化物、二氧化硫等。核算方法主要有类比法、产污系数法、物料衡算法等。

（四）《产业结构调整指导目录（2019 年本，征求意见稿）》

2019 年 4 月，国家发展和改革委会同有关部门按照《国务院关于实行市场准入负面清单制度的意见》《国务院关于印发打赢蓝天保卫战三年行动计划的通知》的要求和部署，对《产业结构调整指导目录（2011 年本）（修正）》进行了修订，即《产业结构调整指导目录（2019 年本，征求意见稿）》（以下简称《目录》）。

《目录》由鼓励类、限制类、淘汰类三个类别组成。鼓励类主要是对经济社会发展有重要促进作用，有利于满足人民美好生活需要和推动高质量发展的技术、装备、产品、行业。限制类主要是工艺技术落后，不符合行业准入条件和有关规定，禁止新建扩建和需要督促改造的生产能力、工艺技术、装备及产品。淘汰类主要是不符合有关法律法规规定，不具备安全生产条件，严重浪费资源、污染环境，需要淘汰的落后工艺、技术、装备及产品。需要说明的是，对不属于鼓励类、限制类和淘汰类，且符合国家有关法律、法规和政策规定的，为允许类。

《目录》中涉及有色金属行业鼓励类共有 6 项，具体包括：有色金属现有矿山接替资源勘探开发、紧缺资源的深部及难采矿床开采；高效、低耗、低污染、新型冶炼技术开发；高效、节能、低污染、规模化再生资源回收与综合利用；信息、新能源有色金属新材料生产；交通运输、高端制造及其他领域有色金属新材料；新能源、半导体照明、电子领域用连续性金属卷材、真空镀膜材料、高性能铜箔材料。限制类涉及：新建、扩建钨矿开采项目；钨、钼、锡、锑冶炼项目及氧化锑、铅锡焊料生产项目；稀土采选、冶炼分离项目及稀土二次资源回收与综合利用项目；粗铜冶炼、电解铝、铅锌冶炼、含锌二次资源及直接浸；镁冶炼、独立铝用炭素、再生铅项目；原生汞矿开采项目；炼锌项目、独居石提取氯化稀土项目等。淘汰类涵盖：重点有色金属领域采、选、冶炼工艺及设备；具体包括采用马弗炉、马槽炉、横罐、小竖罐等进行焙烧、简易冷凝设施进行收尘等落后方式炼锌或生产氧化锌工艺装备；采用铁锅和土灶、蒸馏罐、坩埚炉及简易冷凝收尘设施等落后方式炼汞；采用土坑炉或坩埚炉焙烧、简易冷凝设施收尘等落后方式炼制氧化砷或金属砷工艺装备，铝自焙电解槽及 160kA 以下预焙槽；鼓风炉、电炉、反射炉炼铜工艺及设备；烟气制酸干法净化和热浓酸洗涤技术；采用地坑炉、坩埚炉、赫氏炉等落后方式炼锑；采用烧结锅、烧结盘、简易高炉等落后方式炼铅工艺及设备；利用坩埚炉熔炼再生铝合金、再生铅的工艺及设备；铝用湿法氟化盐项目；原生汞矿开采；鼓风炉炼铅工艺设备等。

第二节　2018 年有色金属产业结构调整的主要情况

一、有色金属行业发展整体平稳，行业利润有所下滑

2018 年，我国十种有色金属产量 5688 万吨，同比增长 6%。其中，铜、铝、铅、锌产量分别为 903 万吨、3580 万吨、511 万吨、568 万吨，分别同比增长 8.0%、7.4%、9.8%、−3.2%；铜材、铝材产量分别为 1716 万吨、4555 万吨，分别同比增长 14.5%、2.6%。2018 年，有色行业固定资产投资同比增长 1.2%。其中，矿山采选投资同比下降 8%，冶炼及加工领域投资同比增长 3.2%。[①]

从细分领域分析，2018 年全年铜行业实现利润 396 亿元，同比增长 4.3%，增幅同比回落 25.8 个百分点。其中，铜矿采选实现利润 56 亿元，同比下降 11.5%；铜冶炼、铜加工行业实现利润 147 亿元、193 亿元，同比分别增长 9.9%、5.8%。[②]铅锌行业实现利润 214 亿元，同比下降 27.1%。其中，受铅锌价格震荡回落影响，铅锌矿采选实现利润 193 亿元，同比下降 4.5%；由于前三季度冶炼加工费处于历史低位，铅锌冶炼实现利润 21 亿元，同比下降 77.1%。[③]铝行业实现利润 372 亿元，同比下降 40%。其中，铝矿采选实现利润 7 亿元，同比增长 19.6%；铝冶炼、铝加工行业实现利润 112 亿元、254 亿元，同比分别下降 54.6%、31.4%。[④]

二、科技创新水平得到显著提升，基础研发能力稳步推进

科技创新作为引领经济发展的第一驱动力，随着我国创新驱动战略的不断深入实施，通过打造"双创"升级版，我国创新创业环境得到进一步优化提升，科技创新引领作用和支撑平台服务能力不断增强，逐步形成线上线下结合、产学研用协同、大中小企业融合的创新创业发展新格局。截止 2017 年年

① 2018 年有色金属行业运行情况及 2019 年展望。

② 2018 年铜行业运行情况。

③ 2018 年铅锌行业运行情况。

④ 2018 年铝行业运行情况。

底，我国有色金属行业规模以上工业企业 R&D 经费 429.8 亿元，R&D 全时当量 68372 小时，分别较 2015 年增长 25.2%和 40.4%。有色金属行业发明专利数量 16828 件、新产品开发 9365 项，均较 2015 年呈现大幅增长。同期有色金属新产品销售收入也从 2015 年的 5969 亿元增长到 2017 年的 7787 亿元，年均增长 15.3%。

与此同时，我国有色金属工业在勘探、采选、高端精深加工、资源综合利用等领域取得一系列突破。其中，"大深度高精度广域电磁勘探技术与装备""基于硫磷混酸协同浸出的钨冶炼新技术""冶炼多金属废酸资源化治理关键技术""钨氟磷含钙战略矿物资源浮选界面组装技术及应用""锌清洁冶炼与高效利用关键技术和装备""InSAR 毫米级地表形变监测的关键技术及应用""高性能铝合金架空导线材料与应用""复杂组分战略金属再生关键技术创新及产业化""电子废弃物绿色循环关键技术及产业化""高安全性、宽温域、长寿命二次电池及关键材料的研发和产业化"10 项有色金属工业项目获得 2018 年度国家科学技术奖。2015—2017 年我国有色金属行业科技创新情况见表 8-2。

表 8-2　2015—2017 年我国有色金属行业科技创新情况

项目类别		2015 年	2016 年	2017 年
有效发明专利数（项）	采选业	318	341	578
	冶炼及压延加工业	10451	13527	16250
	合计	10769	13868	16828
新产品开发项目数（项）	采选业	188	237	282
	冶炼及压延加工业	6283	7751	9083
	合计	6471	7988	9365
新产品销售收入（亿元）	采选业	152	229	237
	冶炼及压延加工业	5817	6976	7550
	合计	5969	7205	7787

资料来源：Wind 数据库，赛迪智库

三、供给侧结构性改革深入推进，智能制造水平稳步提升

随着我国智能制造工程的不断深入推进，我国有色金属工业智能化水平不断提升。2016—2017 年，工业和信息化部共进行了三次智能制造试点示范项目，总计 258 家，其中涉及有色金属工业领域的共有 17 家。其中在 2016 年的 63 家智能制造试点示范项目企业名单中，有江西铜业股份有限公司的铜冶炼智能工厂项目、山西复晟铝业有限公司的氧化铝智能工厂项目、中天储能科技有

限公司的高性能锂电池项目、新特能源股份有限公司的高纯晶体硅智能工厂项目 4 家有色金属相关企业入选。2017 年，有 98 家智能制造智能制造试点示范项目企业入选，其中有色金属工业企业 7 家，包括北方奥钛纳米技术有限公司钛酸锂材料智能制造试点示范、河北银隆新能源有限公司钛酸锂电池数字化车间试点示范、浙江今飞凯达轮毂股份有限公司铝合金汽车轮毂智能制造试点示范、浙江万丰摩轮有限公司铝合金摩托车轮毂智能工厂试点示范、西安铂力特激光成形技术有限公司金属增材制造智能工厂试点示范、彩虹集团公司高铝盖板玻璃智能制造试点示范、中国铝业股份有限公司兰州分公司铝电解智能工厂试点示范。2018 年，智能制造试点示范项目 99 家，有新疆紫金锌业有限公司铅锌数字矿山试点示范、宁夏维尔铸造有限责任公司中国标准动车组铝合金枕梁智能制造试点示范、西藏华泰龙矿业开发有限公司黄金数字矿山试点示范、山东南山铝业股份有限公司高性能铝合金智能制造试点示范、微宏动力系统（湖州）有限公司锂离子动力电池数字化车间试点示范、中信戴卡股份有限公司轻量化铝车轮智能制造试点示范等有色金属智能示范项目入选。

四、电解铝产能置换不断加快，产业结构进一步优化

为深化推进铝产业供给侧结构性改革，避免电解铝产能过剩风险再次显现，实现电解铝控制总量、优化存量、供需动态平衡的目标，2018 年 1 月，工业和信息化部颁布实施《关于电解铝企业通过兼并重组等方式实施产能置换有关事项的通知》（工信部原〔2018〕12 号）。自该通知印发以来，我国电解铝行业供给侧结构性改革取得突出成效，产能快速增长态势得到有效控制，前期违规产能被全部叫停，新建、预建项目受指标限制建设趋缓，电解铝产量出现近十年来首次下降的局面。2018 年我国电解铝关停产能近 250 万吨，400 多万吨电解铝产能完成跨省置换，其中 300 多万吨产能转移至内蒙、云南等能源丰富地区。截至 2018 年年底，我国电解铝剔除掉违规产能，现有产能 4051 万吨。其中，山东、新疆为电解铝主产区，总产能占全国总量的 37%；河南传统电解铝区域优势逐渐丧失，2018 年总计置换出产能 69.85 万吨。2018 年我国电解铝产能置换情况见表 8-3。

表 8-3　2018 年我国电解铝产能置换情况

序号	省份	企业名称	主体设备（生产线）名称、规格型号及数量	产能（万吨/年）	退出时间
1	甘肃	东兴铝业	—	7.2	—
2	甘肃	中铝连城分公司	600kA×12 台	2	2014 年

序号	省份	企业名称	主体设备（生产线）名称、规格型号及数量	产能（万吨/年）	退出时间
3	广西	中铝广西分公司	175kA×266台、320kA×32台	15.2	2014年
4	贵州	列入《贵州省2014年淘汰落后产能计划完成情况公告》（黔经信（2015）1号）电解铝企业	85kA×144台	3.2	2014年
5	贵州	列入《贵州省2014年淘汰落后产能计划完成情况公告》（黔经信（2015）1号）电解铝企业	85kA×208台	4.5	2014年
6	贵州	贵州玉屏广茂铝业有限公司	135kA×72台	2.63	2015年
7	贵州	中铝贵州分公司	195kA×110台	5.8	2014年
8	河南	林丰铝电有限责任公司	100kA×104台	2.8	2011年
9	河南	天源铝业	100kA×110台	2.9	2012年
10	河南	渑池天瑞铝业	160kA×122台	5	2012年
11	河南	商丘丰源铝业	100kA×150台	4	2012年
12	河南	河南万基铝业股份有限公司	160kA×136台	6	2012年
13	河南	三门峡天元铝业股份有限公司	80kA×172台	3	2010年
14	河南	沁阳沁澳铝业有限公司	85kA×84台	2	2010年
15	河南	林丰铝电有限责任公司	200kA×136台	7	2013年
16	河南	中铝郑州有色金属研究有限公司	160kA×26台、300kA×10台	2	2013年
17	河南	林丰铝电有限责任公司	200kA×136台	7.00	2013年
18	河南	天瑞铝业有限公司	195kA×132台	6.50	2013年
19	河南	河南鑫旺铝业有限公司	180kA×106台	5.00	2013年
20	河南	郑州龙祥铝业有限公司	180kA×106台	6.25	2014年
21	河南	商丘丰源铝电有限公司	160kA×170台	7.50	2013年
22	河南	河南省淅川铝业（集团）有限公司	80kA×102台	2	2011年
23	辽宁	抚顺铝业有限公司	220kA×208台	12.4	2015
24	内蒙古	通顺铝业	240kA×176台	11.4	—
25	宁夏	青铜峡铝业股份有限公司	120kA×244台、160kA×200台	16.5	2014年

序号	省份	企业名称	主体设备（生产线）名称、规格型号及数量	产能（万吨/年）	退出时间
26	山东	中铝山东有限公司	220kA×102 台	6	2013 年
27	山西	华鹭铝业	—	22	—
28	陕西	陕西铜川铝业有限公司	110kA×330 台、240kA×231 台	24	2014 年、2018 年
29	陕西	陕西三秦能源长宏铝业有限公司	110kA×146 台	4	2015 年
30	陕西	澄城县金元铝业有限公司	100kA×72 台	2	2011 年
31	四川	四川其亚铝业集团有限公司	300kA×188 台、400kA×182 台	35	2017 年
32	浙江	兖矿集团有限公司科澳铝业	306kA×172 台	14	2016 年
33	浙江	浙江华东铝业股份有限公司	200kA×126 台、240kA×126 台	15	2017 年

资料来源：赛迪智库

第三节　面临的问题与挑战

一、面临原材料价格上涨和下游需求不振双重"挤压"

2018 年，特朗普政府奉行"绝对现实主义"和"美国优先"策略，中美、美欧等世界主要经济体贸易争端不断复杂演化升级，全球贸易格局迎来三十年未有之变局，全球贸易冲击对实体经济的影响进一步显现，为全球经济复苏蒙上了一层阴影。除美、印、俄等国家经济增速保持上升趋势之外，其他国家均呈现不同程度的经济增长减缓迹象。从生产端看，受矿产、原料、煤炭、电力等原辅料成本普遍上涨及环保投入不断增加等影响，2018 年行业每百元主营业务收入成本高于工业平均水平 3.97 元，同比增加 0.58 元，尤其是电解铝平均综合成本大幅提升。从消费端看，建筑业、汽车、家电业、电力行业等有色金属终端行业均呈现不同程度的增速下滑，量大面广、带动性强的新兴应用领域有待拓展。此外，民营企业是有色行业的重要组成部分，但由于融资成本高、非经营性负担重，在承担重大项目等方面仍存在壁垒，发展压力较大。

截至 2018 年年底，我国有色金属工业营业收入 107358.6 亿元，利润 3633.8 亿元，营业利润率 3.4%，分别同比下降 11.2%、28.8%、0.08%。其中有色金属矿采选业受益于供给侧结构性改革，在整体营业收入、利润总额双双走低的情况下，营业利润率保持较高增长 11.4%。而有色金属冶炼及加工业受上游原材料价格上涨、下游需求不振的双向挤压，规模及以上企业营业收入、利润总额均呈现较大幅度下滑，营业利润率由 2017 年的 3.7% 下降至 2018 年的 2.8%，2000—2018 年我国有色金属工业企业情况（1）见表 8-4。其次，有色金属工业企业亏损面进一步扩大，2018 年规模以上企业 8398 家，亏损企业 1733 家，亏损企业数量占整体工业领域的比重由 2010 年的 14.77% 扩大至 2018 年的 20.64%，有色金属采选业和冶炼及压延加工业企业亏损比重均呈现上升态势。其中，有色金属矿采选业亏损企业数量 315 家，占整体采选业的 21.63%，有色金属冶炼及压延加工业企业亏损 1418 家，亏损比例达 20.43%（2000—2018 年我国有色金属工业企业情况（2）见表 8-5）。

表 8-4　2000—2018 年我国有色金属工业企业情况（1）

年份	有色金属矿采选业			有色金属冶炼及压延加工业			有色金属工业		
	主营业务收入（亿元）	利润总额（亿元）	营业利润率（%）	主营业务收入（亿元）	利润总额（亿元）	营业利润率（%）	主营业务收入（亿元）	利润总额（亿元）	营业利润率（%）
2000	363.4	29.4	8.1	2063.2	64.3	3.1	2426.6	93.7	3.9
2001	389.7	30.2	7.8	2253.3	73.4	3.3	2643	103.7	3.9
2002	424.2	31.8	7.5	2498.6	77.1	3.1	2922.9	108.9	3.7
2003	542.8	51.4	9.5	3451.2	145.3	4.2	3994	196.8	4.9
2004	740.6	111.1	15	5374.8	277.7	5.2	6115.4	388.8	6.4
2005	1070.7	199.1	18.6	7713.6	419.8	5.4	8784.3	618.9	7
2006	1686.8	358.4	21.2	12593.9	857.6	6.8	14280.7	1216	8.5
2007	2160.3	433.2	20.1	15909.4	961.2	6	18069.7	1394.4	7.7
2008	2350.9	364	15.5	18390.4	651.1	3.5	20741.4	1015	4.9
2009	2341	256.8	11	18434.4	552.6	3	20775.3	809.4	3.9
2010	3381.1	448.8	13.3	25943	986.2	3.8	29324	1435	4.9
2011	5022.7	775.5	15.4	37780.3	1713.5	4.5	42803	2489	5.8
2012	5756.9	764.4	13.3	40682.9	1427.4	3.5	46439.9	2191.8	4.7
2013	6158.9	628	10.2	46536.3	1445.4	3.1	52695.2	2073.4	3.9
2014	6277.1	563.4	9	50748.2	1490	2.9	57025.3	2053.4	3.6
2015	6086.1	450.3	7.4	51167.1	1348.8	2.6	57253.2	1799.1	3.1
2016	6479.6	483.3	7.5	53911.1	1947	3.6	60390.7	2430.3	4

续表

年份	有色金属矿采选业			有色金属冶炼及压延加工业			有色金属工业		
	主营业务收入（亿元）	利润总额（亿元）	营业利润率（%）	主营业务收入（亿元）	利润总额（亿元）	营业利润率（%）	主营业务收入（亿元）	利润总额（亿元）	营业利润率（%）
2017	5301.1	527.2	9.9	55142.4	2023.9	3.7	60443.5	2551.1	4.2
2018	3682.7	419.8	11.4	49996.6	1397.1	2.8	53679.3	1816.9	3.4

资料来源：赛迪智库

表 8-5 2000—2018 年我国有色金属工业企业情况（2）

年份	有色金属矿采选业			有色金属冶炼及压延加工业			有色金属工业		
	企业总数	亏损企业数量	亏损企业占比（%）	企业总数	亏损企业数量	亏损企业占比（%）	企业总数	亏损企业数量	亏损企业占比（%）
2000	1344	218	16.22	2346	576	24.55	3690	794	21.52
2001	1381	243	17.60	2730	698	25.57	4111	941	22.89
2002	1313	200	15.23	2895	653	22.56	4208	853	20.27
2003	1247	145	11.63	3243	644	19.86	4490	789	17.57
2004	1281	129	10.07	3830	706	18.43	5111	835	16.34
2005	1445	164	11.35	4979	959	19.26	6424	1123	17.48
2006	1688	174	10.31	5571	886	15.90	7259	1060	14.60
2007	2076	242	11.66	6486	1134	17.48	8562	1376	16.07
2008	2350	421	17.91	7262	1730	23.82	9612	2151	22.38
2009	2545	504	19.80	8095	1697	20.96	10640	2201	20.69
2010	2546	374	14.69	8313	1230	14.80	10859	1604	14.77
2011	2045	135	6.60	6629	878	13.24	8674	1013	11.68
2012	2122	223	10.51	6746	1222	18.11	8868	1445	16.29
2013	2108	266	12.62	7168	1281	17.87	9276	1547	16.68
2014	2037	302	14.83	7236	1294	17.88	9273	1596	17.21
2015	1949	426	21.86	7321	1520	20.76	9270	1946	20.99
2016	1797	351	19.53	7176	1132	15.77	8973	1483	16.53
2017	1674	290	17.32	7215	1143	15.84	8889	1433	16.12
2018	1456	315	21.63	6942	1418	20.43	8398	1733	20.64

资料来源：赛迪智库

二、电解铝供给侧结构性改革任务依然艰巨

近年来，受我国市场需求拉动，电解铝产业始终保持扩张状态。虽然我国电解铝依然有潜在的供给缺口，但整体行业过热状态已充分显现。自 2017 年 4 月国家发展和改革委员会、工业和信息化部等四部委联合发布《清理整顿电解铝行业违法违规项目专项行动工作方案的通知》以来，我国电解铝行业清理整顿专项行动取得阶段性成果，违法违规项目已得到有效控制。但电解铝行业向好发展的基础尚不牢固，盲目投资、无序发展、布局不够合理、产业集中度不高等深层次问题尚未根本解决。

其次，我国氧化铝、电解铝、铝加工材料等产量已位居世界第一，技术装备、产品品种质量都有了显著提升，但与国际先进水平相比依然存在较大差距。2018 年铝材进口单价是出口单价的 1.9 倍。特别是在铝合金铸件、铝合金锻件、大断面铝合金挤压型材、铝合金厚板和铝锂合金等高端合金领域与国外差距较大，主要依赖进口，相关产品技术基本被美国铝业公司、加拿大铝业公司、德国克鲁斯铝业公司和日本轻金属公司所垄断。以航空铝锂合金为例，为满足我国航空用铝锂合金，自二十世纪六十年代进行跟踪研究，截至目前，我国虽然已基本掌握了航空铝锂合金的熔炼技术、板料轧制挤压技术，但在铝锂合金基础研究及合金生产实践方面，与美国、俄罗斯依然存在 20~30 年的技术差距。我国 C919 大飞机铝锂合金量约占整个飞机材料的 65%，而国产材料占比较低，主要依赖进口。

三、行业新旧动能转换总体缓慢

自 2017 年 1 月，国务院颁布实施《关于创新管理优化服务培育壮大经济发展新动能加快新旧动能接续转换的意见》以来，我国有色金属工业新旧动能转换取得了显著成效。在大规格 7050 系铝合金预拉伸厚板、航空支撑骨架用型材、高性能车用铝合金薄板、大卷重高性能宽幅镁合金卷板、高强损伤容限性钛合金、铜铝复合材料等先进有色金属材料实现关键突破，但有色金属工业高端材料和新材料在产业体系中所占比例不高，新旧动能转换总体缓慢，产业下游精深加工的基础研究、技术支撑和高新项目储备不足，部分有色金属精深加工高端产品依赖进口的局面一时难以改变。特别是在大飞机、乘用车、高铁、船舶、海洋工程等重大装备高端制造领域高性能轻合金材料与国外技术存在较大差距，依赖进口的局面短期内没有实质性改变。例如大飞机用铝合金预拉伸厚板和铝合金蒙皮板、乘用车铝面板、超细传输铜合金缆线、高弹性抗应力松弛铜合金、高性能靶材、储氢合金、高端医用钛合金、高温耐蚀合金、电子级

12 英寸硅单晶抛光片、部分大直径超高纯金属靶材、宽禁带半导体单晶抛光片、部分高端铜铝板带箔材等关键基础研发与国外存在较大差距，尚需进一步突破。

四、资源保障基础薄弱

近年来我国资源保障能力得到大幅提升。2011—2018 年我国有色金属矿产资源新增资源量（333 及以上）：铜 3153 万吨、铝土矿 15 亿吨、金 6952 吨、铅锌 10759 万吨、镍 179 万吨、钨 541 万吨、钼 1693 万吨、钾盐 4 亿吨、锡 92 万吨、锂矿 8 万吨、钛矿 5646 万吨。但与此同时，我国优势稀有金属资源保护面临新挑战。国内铜、铝、镍等重要矿产原料对外依存度普遍较高，受资源出口国政策变化、法律约束和基础设施薄弱等影响，进口资源面临新的不确定因素，行业抵御市场风险能力不足。境外资源开发风险评估重视不够，近几年投产后的境外矿山负债率高，债务负担沉重，经济效益差。我国有色金属资源人均储备量较低，部分品种严重贫乏、矿石品位较低且开采成本较高，国内有色冶炼企业自备矿山资源保障不足，矿石多需外购。铜矿资源趋于枯竭，涉及电子、电气、汽车、家电等多条支柱产业链，造成国民经济的命脉难以自主掌控，这始终是威胁国家战略安全和经济可持续发展能力的一大致命隐患。镍原料对外依存度达 80%以上，且企业境外资源开发成本、风险日益提高，项目进展缓慢。

在钛、锂、镓、铟、锗等重要的新金属材料领域，我国的储量也难以满足经济发展的基本需求。未来，开展海外投资、获得有色金属资源战略保障、开展资源集约利用和废弃物回收及替代材料、合成材料的研发，仍是我国有色金属行业需要攻克的难关。另外，我国稀土资源开采严重"透支"，以全球三分之一的稀土储量却生产出占全球 97%的稀土产品，稀土资源相对稀缺指数逐年上升。期间，南方 5 省的中重型稀土储量原有 150 万吨，但目前仅剩下 60 万吨。2018 年我国稀有金属进口 41400 吨稀土氧化物及氧化物当量，同比增长 167%。

第九章

建材产业结构调整

2018 年，建材产业在行业主管部门和协会、企业的合力行动下，经济运行总体保持平稳，表现为稳中有变的运行特征。这一方面是由于近年来建材行业以推动供给侧结构性改革为重点，在环保、质量、错峰生产等综合手段共同作用下，致力于产业结构调整和控制产能释放，努力维护市场供需动态平衡的结果。而另一方面，产能严重过剩等结构性矛盾还没有得到有效缓解，市场需求下滑、企业内生动力不足的问题仍然存在，行业下行压力不断积聚。

第一节　2018 年建材产业结构调整的主要政策

一、国家层面

2017 年 12 月 31 日，工业和信息化部印发修订后的《水泥玻璃行业产能置换实施办法》(以下简称《新办法》)，旨在严禁水泥和平板玻璃行业新增产能，继续做好产能置换工作，并于 2018 年 1 月 1 日开始施行。《新办法》是根据新时期化解产能的新形势、新问题和《国务院办公厅关于促进建材工业稳增长调结构增效益的指导意见》(国办发〔2016〕34 号)的新要求对 2015 年版进行更新修改而成的，以确保有关政策的连续性、有效性，便于产能置换工作有章可循。在实施办法上主要有四点改变。

一是在减量置换上加大力度并注重因地因情施策。如：水泥熟料项目除西藏地区继续执行等量置换外，其他地区全面实施减量置换，位于国家规定的环境敏感区内的建设项目，每建设 1 吨产能须关停退出 1.5 吨产能；位于非环境敏感区内的建设项目，每建设 1 吨产能须关停退出 1.25 吨产能。平板玻璃项目延续原办法的置换比例，位于国家规定的环境敏感区的建设项目，需置换淘汰的产能数量按不低于建设项目的 1.25 倍予以核定，其他地区实施等量置换。

二是对可用于置换的产能限定更严格。如：可用于置换的产能规定为 2018 年 1 月 1 日以后在省级主管部门官网公告关停退出的产能；已超过国家明令淘汰期限的落后产能、已享受奖补资金和政策支持的退出产能、无生产许可的水泥熟料产能、项目建设手续不合规的产能等均不得用于产能置换。同时，为防止和杜绝可能存在的欺骗行为，新办法除重申用于置换的产能指标不得重复使用外，还鼓励行业协会、媒体和公众对产能置换方案执行情况和新建项目建设情况开展监督。

三是对可用于置换的产能指标核定更细致。如：鉴于水泥熟料项目建设存在"批小建大"的现象，新办法指出用于置换的产能指标，依据项目备案或核准文件上的设计产能确定；实际产能小于备案或核准产能的，按实际产能确定；实际产能继续依据原办法附表推算，但新办法按旋转窑外径计，以防止水泥熟料产能推算时出现旋转窑内径与外径的混淆问题；对跨省产能置换，实施办法强调应有利于推动产业结构调整和布局优化，产能指标应由转出地和转入地省级主管部门分别核实确认，并在各自门户网上公告。

四是对产能置换方案的审核流程进一步简化。如：为不断推进"放管服"改革，改进行业管理和服务，新办法要求项目建设地省级主管部门负责核实确认产能置换方案的真实性、合规性，并在官网上公示无异议后予以公告，同时负责监督产能置换方案的落实，确定项目实际产能。对涉及跨省置换的产能指标，项目建设地省级主管部门应与产能指标转出地省级主管部门做好衔接。

除此之外，新办法在鼓励企业自主研发高端平板玻璃、开展技术革新与改造、不影响企业正常生产经营以及违规严厉处罚等关键点上增加了明确导向和要求。如：依托既有主体装置确实不新增产能的节能减排技改项目可不制定产能置换方案；新上熔窑能力不超过 150 吨/天的工业玻璃项目可不制定产能置换方案；允许产能置换方案中存在"先建后拆"现象；对产能置换方案执行不到位、存在弄虚作假、"批小建大"等行为的企业，通报其不守诚信行为，推动实施联合惩戒等。

2018 年 6 月 15 日，工业和信息化部原材料司公布了新编制的《建材工业鼓励推广应用的技术和产品目录（2018—2019 年本）》，其中包含了有关水泥窑、玻璃、陶瓷、碳纤维等 48 项新兴建材工业技术和高端产品，旨在促进我国建材工业的技术迭代和产业转型升级，是行业企业应该密切关注与推进的着力点。

二、行业层面

2017 年 12 月，中国水泥协会印发《水泥行业去产能行动计划（2018—2020）》，要求全国水泥行业三年压减熟料产能 39270 万吨，关闭水泥粉磨站企业 540 家（2018 年的目标是：力争上半年实现全面停止生产 32.5 强度等级水泥产品；全国范围内完成压减熟料产能 13580 万吨，关闭水泥粉磨站企业 210 家）；同时，前 10 家大企业集团的全国熟料产能集中度达到 70%以上，水泥产能集中度达到 60%。另外，成立去产能专项资金（基金），形成政府主导和市场机制结合的去产能机制，2017 年试点、2018 年启动；鼓励企业间兼并重组，支持相互参股、委托经营、资产交换等方式的市场整合，以优化市场布局，提高市场集中度。

其中，2018 年的重点任务为以下三项。

一是加强各级水泥行业组织建设，推动产能严重过剩地区组建跨区域去产能领导小组。各省区市协会负责提出本省区市落实目标任务的实施方案，并报所在省区市的行业主管部门；跨区域的去产能领导小组负责推进和协调各省区市的去产能工作。

二是开展去产能创新试点工作，探索以企业为主体的市场化去产能运行机制。基于 2017 年落实的去产能创新试点公司平台，提出《水泥去产能专项资金管理办法建议》，制定省级水泥行业结构调整创新试点方案；构建省级企业自愿入股的水泥投资管理公司平台，承担去产能任务和市场协调工作；在政府行业主管部门领导下全面启动去产能工作，其中去产能创新试点取得实质成效，启动组建省级水泥投资管理公司和设立省级去产能专项资金试点工作。

三是中国水泥协会负责完成向政府部门提交水泥行业去产能相关政策建议，包括《遏制新增水泥产能的政策建议》《开展违规建设项目专项督查的建议》《水泥生产许可证制度改革的建议》《建立水泥产品质量可追溯体系的政策建议》和《依据批复产能和省（市）错峰生产计划核定水泥企业年生产量、用能量、污染物排放量的建议》等，并推动落实完成。

三、地方层面

各省根据工业和信息化部出台的建材产业相关政策结合本地区实情制定出台了配套政策，以贯彻落实中央"全国一盘棋"的相关要求。

山东省出台了《山东省低碳工作方案（2017—2020 年）》，针对建材行业提出全面推进水泥行业清洁生产，实施平板玻璃产能减量、低辐射镀膜玻璃门窗率先应用于公共建筑设施，开发生产新型墙体和屋面材料、新型建筑构配件和部品部件、绝热隔音材料、建筑防水和密封等材料，推广建筑陶瓷的节能环保技术与装备等，力争到 2020 年单位工业增加值碳排放、低辐射镀膜玻璃、新型建材均有明显改善。

山西省印发了《山西省建材工业 2018 年行动计划》，提出"项目、企业、技术、产品、园区"五位一体基本思路，为全省划定产业发展重点，包括推动重点项目建设、培育行业龙头企业、突破行业关键技术、推广新型产品应用、提升产业集聚水平五大行动，并通过进一步压减过剩产能、继续开展错峰生产、落实各项政策措施、增强金融支持、营造行业公平竞争环境等举措保障重点行动的稳步推进。其中，推动高岭土、珍珠岩等非金属矿及粉煤灰、冶炼渣等固废精深加工发展，加大新型建材产品的开发应用力度等，是本次行动计划的核心要义。

内蒙古自治区印发了《〈呼包鄂榆城市群发展规划〉内蒙古实施方案》，提出鼓励呼和浩特市、鄂尔多斯市与榆林市综合利用粉煤灰、煤矸石等工业废弃物，发展金属材料加工和新型建材产业；《内蒙古自治区土壤污染防治三年攻坚计划》中要求开展利用建筑垃圾生产建材产品等资源化利用示范。

甘肃省印发了《关于做好钢铁水泥等行业产能置换工作的通知》（甘工信发〔2018〕241 号），要求各市州按照国家相关文件要求，确定置换范围、置换产能、产能置换及出让申请公告材料清单和程序，以及监督管理措施，为落实好国家产业结构调整要求和本省产业布局优化制定了细则。

浙江省根据《工业和信息化部关于印发钢铁水泥玻璃行业产能置换实施办法的通知》（工信部原〔2017〕337 号）制定印发了本省《水泥玻璃行业产能置换实施细则》，重点对置换产能的确定、转让、置换方案内容与确定和置换方案的监督落实等内容进行了明确，对进一步去产能、优化产业结构亮出了准绳。

第二节　2018 年建材产业结构调整的主要情况

2018 年，建材行业通过深入推进供给侧结构性改革，化解过剩产能取得进一步成效，经济效益明显提升，产业结构逐步优化，行业运行总体保持稳中向好态势。主要情况包含以下几方面。

一、产量、增加值稳步增长

2018 年全年，建材工业增加值同比增长 4.3%，1—4 月略有下降，之后开始回升，呈现前低后高态势，主要产品产量保持增长。其中，水泥产量 21.8 亿吨，同比增长 3.0%，平板玻璃产量 8.7 亿重量箱，同比增长 2.1%，商品混凝土产量同比增长 12.4%。

二、产品平均价格逐步回升

2018 年建材产品全年均价同比增长 10.5%，在 2017 年企稳回升的基础上继续上涨。其中，2018 年 12 月当月建材价格指数为 115.4，同比增长 6.5%。全国水泥平均出厂价格为 396.7 元/吨，同比增长 22%，平板玻璃平均出厂价为 75.7 元/重量箱，同比增长 3.5%。

三、产品利润总额大幅提高

2018 年建材工业规模以上企业完成主营业务收入 4.8 万亿元，同比增长 15%，利润总额为 4317 亿元，同比增长 43%，销售利润率 9.0%。其中，水泥主营业务收入 8823 亿元，同比增长 25%；利润 1546 亿元，同比增长 114%。平板玻璃主营业务收入 761 亿元，同比增长 7.2%；利润 116 亿元，同比增长 29%。卫生陶瓷、防水材料、玻璃纤维及制品、石灰石膏制品、非金属矿利润总额同比分别增长 15.9%、26.6%、29.2%、41.5%、10.3%。

四、固定资产投资增长明显

2018 年建材规模以上非金属矿采选业固定资产投资同比增长 26.7%，非金属矿制品业固定资产投资同比增长 19.7%。全年固定资产投资增长主要来源于技术改造及环保领域，新建扩能项目投资占比较少，其中民间投资占全行业投资比重超过 90%。

五、产业结构进一步优化

大型建材企业推进联合重组，推动产业集中度明显提高。其中，前 10 家水泥企业（集团）熟料产能集中度已达 64%，比 2015 年提高 12 个百分点。建材新兴产业加快发展，传统建材业比重有所下降。

第三节　面临的问题与挑战

虽然建材产业结构调整在 2018 年取得了明显成绩，结构进一步优化、效益进一步回升、市场信心得到加强，但供给侧结构性改革的基本面没有改变、淘汰落后产能与化解产能过剩的主任务没有改变，建材产业结构调整依然面临一些问题和挑战。

一、水泥平板玻璃行业产能过剩矛盾未彻底解决，行业运行仍有下行风险

从 2018 年运行情况来看，建材行业增速呈现较平稳的态势，大部分过剩产能可能只是暂时关停，一旦市场形势好转随时可能恢复生产。虽然国家和协会层面出台了更加严格的产能退出和置换规定，但如何进一步以市场化、法治化方式推动这些政策目标的落地是化解过剩产能的难点。

二、生产要素价格持续上涨，外部压力更加突出

2018 年以来，煤炭、天然气、纯碱等大宗燃料价格持续上涨，公路运输严格治超进一步推高物流成本，环保督查力度不断加大，建材企业为还"欠账"实现达标排放，必须持续增加投入进行节能减排等绿色制造技术改造，这些都增大了企业的生产运营压力。

三、供给结构仍然不太合理，需立足市场把握细分领域

新型建材产业的消费需求日趋多元，要求建材工业不断推进供给侧结构性改革，化解过剩产能，增加优良供给；智能家居和绿色家居的需求持续增长，要求建材工业加快发展绿色建筑和装配式建筑，要求建筑材料向绿色化和部品化及个性化定制发展；全面提升工业基础能力，要求建材工业增强先进无机非金属材料、复合材料的研发应用能力；加快实施"互联网+"战略发展先进制造业，要求建材工业适应不断涌现的新技术、新业态、新模式，深化信息技术和建材工业的融合，从而优化产业结构。

第十章

汽车产业结构调整

2018 年，我国汽车工业规模稳中略降，整体发展情况基本良好，产业结构继续呈现优化趋势。全年汽车产销分别完成 2780.9 万辆和 2808.1 万辆，同比分别下降 4.2%和 2.8%，①产销率同比增长 1.30%，库存比 2018 年年初下降 13.20%，但规模继续保持全球领先地位。目前，我国汽车依然存在核心技术不足、品牌建设不够、国际发展不强、要素成本趋高等结构性瓶颈，亟待通过产业结构不断优化升级进而打造汽车强国。

第一节 2018 年汽车产业结构调整的主要政策

一、政策概况

（一）新能源车继续受宠

第一，战略层面。2017 年 4 月，工业和信息化部、国家发展和改革委员会、科学技术部联合印发《汽车产业中长期发展规划》。该规划提出：力争经过十年持续努力，迈入世界汽车强国行列，实现"关键技术取得重大突破、全产业链实现安全可控、我国品牌汽车全面发展、新型产业生态基本形成、国际发展能力明显提升、绿色发展水平大幅提高"六大目标。2018 年 1 月 5 日，国家发展和改革委员会发布《智能汽车创新发展战略（征求意见稿）》，明确指出到 2020 年智能汽车新车占比达到 50%，引导资本加大支持智能汽车创新发展平台。2018 年 12 月 29 日，工业和信息化部发布《产业发展与转移指导目录（2018

---

① 工业和信息化部：《2018 年汽车工业经济运行情况》，2019 年 1 月 16 日，见 http://www.miit.gov.cn/n1146285/n1146352/n3054355/n3057585/n3057592/c6600201/content.html。

年本）》，从全国层面突出新能源汽车产业错位发展，强调转型升级。2019 年 1 月 11 日，科学技术部发布《关于支持建设国家新能源汽车技术创新中心的函》，明确以电动化、智能化、生态化为汽车发展方向。

第二，战术层面。2018 年 2 月 13 日，财政部、工业和信息化部、科学技术部、国家发展和改革委员会四部委发布《关于调整完善新能源汽车推广应用财政补贴政策的通知》。该通知明确规定：调整完善推广应用补贴政策，根据动力电池技术进步情况，提高纯电动乘用车、非快充类纯电动客车、专用车动力电池系统能量密度门槛；根据成本变化等情况，调整优化新能源乘用车补贴标准，降低新能源客车和新能源专用车补贴标准；对私人购买新能源乘用车、作业类专用车（含环卫车）、党政机关公务用车、民航机场场内车辆等申请财政补贴不作运营里程要求。

第三，地方层面。2018 年 3 月 30 日，郑州市人民政府办公厅印发《关于郑州市汽车及零部件产业转型升级行动计划（2017—2020 年）的通知》，提出突出发展新能源汽车和智能网联汽车，大力发展以客车为主的新能源整车，推进车载环境感知控制器开发与产业化、车辆智能控制与集成技术开发与产业化、基于网联的车载智能信息服务系统开发与产业化、数据安全及平台软件开发与产业化。2018 年 4 月 17 日，广州市人民政府印发《广州市汽车产业 2025 战略规划》，提出加大在中国品牌汽车发展、智能网联新能源汽车产业化、创新体系建设、零部件体系完善、后市场开拓及国际化发展等领域的投入。

（二）注重降税驱动

第一，降低税率。2018 年 5 月 22 日，国务院发布《关于降低汽车整车及零部件进口关税的公告》。减税后，我国汽车整车最惠国算术平均税率为 13.8%，所有汽车零部件的最惠国税率均为 6%。降税加速国内汽车行业市场竞争与分化。2018 年 7 月 31 日，财政部、国家税务总局、工业和信息化部、交通运输部联合发布《关于节能新能源车船享受车船税优惠政策的通知》，对符合标准条件的节能乘用车减半征收车船税。2018 年 12 月 29 日，国务院发布《中华人民共和国车辆购置税法》，指出五类车辆免征车辆购置税。此外，税法规定从 2019 年 7 月 1 日起车辆购置税的税率为 10%。

第二，放宽准入。2018 年 6 月 28 日，国家发展和改革委员会、商务部联合发布《外商投资准入特别管理措施（负面清单）（2018 年版）》，明确降低市场准入条件，分阶段放开汽车合资持股比例限制。2018 年 12 月 10 日，国家发展和改革委员会发布《汽车产业投资管理规定》，完善汽车产业投资项目准入制度，全面取消实施多年的汽车投资项目核准事项，全部转为地方备案管理；强化事中事后监管，"谁投资谁负责、谁审批谁监管、谁主管谁监管"。

（三）强化质量监管

第一，强化召回。2019 年 3 月 18 日，国家市场监督管理总局办公厅发出《关于进一步加强新能源汽车产品召回管理的通知》。该文件共包括四条规定，可谓史上最严厉的新能源汽车管理及召回规定。政策明确把"人民群众的人身财产安全"写在首位，意味着我国新能源汽车产业政策的定位转向，追求更高质量的发展。

第二，完善倒逼。2018 年 7 月 3 日，国务院发布《打赢蓝天保卫战三年行动计划》指出强化机动车污染防治；2019 年 1 月 1 日起，全国停止销售低于国六标准的汽柴油；2018 年 7 月 1 日起，重点区域、珠三角地区、成渝地区提前实施国六排放标准；加快车船结构升级，在城市公交、环卫、邮政、物流配送等领域推广使用新能源汽车。

第三，健全监管。2018 年 2 月 14 日，财政部、工业和信息化部、科学技术部、国家发展和改革委员会联合发布《关于调整完善新能源汽车推广应用财政补贴政策的通知》，该通知规定，完善信息化监管平台，行业主管部门牵头，建成企业、地方、国家三级联网的新能源汽车监管平台，动态掌握车辆生产、销售、运行、充电设施运营情况，实现对生产准入、目录审核、补贴发放、安全运营、运营里程等环节监管的全覆盖。拓宽监督渠道，夯实监管责任。设立并公开举报电话或网上举报平台，并加大对骗补企业的处罚力度。2018 年国家有关汽车产业主要政策见表 10-1。

表 10-1　2018 年国家有关汽车产业主要政策

序号	发布时间	发布部门	文件名称
1	2017 年 06 月 13 日	国家发展和改革委员会、工业和信息化部	《关于完善汽车投资项目管理的意见》
2	2018 年 02 月 14 日	财政部、工业和信息化部、科学技术部、国家发展和改革委员会	《关于调整完善新能源汽车推广应用财政补贴政策的通知》
3	2018 年 06 月 01 日	财政部、国家税务总局、工业和信息化部	《关于对挂车减征车辆购置税的公告》
4	2018 年 06 月 28 日	国家发展和改革委员会、商务部	《外商投资准入特别管理措施（负面清单）（2018 年版）》

续表

序号	发布时间	发布部门	文件名称
5	2018 年 07 月 31 日	财政部、国家税务总局、工业和信息化部、交通运输部	《关于节能 新能源车船享受车船税优惠政策的通知》
6	2018 年 11 月 09 日	国家发展和改革委员会	《汽车产业投资管理规定》
7	2018 年 11 月 13 日	工业和信息化部	《车联网（智能网联汽车）直连通信使用 5905 月 5925MHz 频段管理规定（暂行）》
8	2018 年 12 月 10 日	工业和信息化部、国家发展和改革委员会、科学技术部、公安部、交通运输部、国家市场监督管理总局	《关于加强低速电动车管理的通知》
9	2018 年 12 月 27 日	工业和信息化部	《车联网（智能网联汽车）产业发展行动计划》
10	2018 年 12 月 29 日	工业和信息化部	《产业发展与转移指导目录（2018 年本）》
11	2019 年 01 月 18 日	工业和信息化部	《道路机动车辆生产企业准入审查要求》、《道路机动车辆产品准入审查要求》
12	2019 年 03 月 18 日	国家市场监督管理总局	《关于进一步加强新能源汽车产品召回管理的通知》

资料来源：赛迪智库政策，2019 年 4 月

二、政策解读

（一）《汽车产业中长期发展规划》[①]

汽车产业是推动新一轮科技革命和产业变革的重要力量，是建设制造强国的重要支撑，是国民经济的重要支柱。为推进汽车产业由大到强发展提供指导，2017 年 4 月，工业和信息化部、国家发展和改革委员会、科学技术部联合印发此文件。

可用"一六六八"四个数字概括：一个总目标、六个细分目标、六项重点任务和八项重点工程。"一"个总目标即建设汽车强国，力争经过十年努力，迈入汽车强国行列。"六"个细分目标对汽车强国进一步细化，即提出关键技

---

① 工业和信息化部：《〈汽车产业中长期发展规划〉解读》，2017 年 4 月 25 日，见 http://www.miit.gov.cn/n1146285/n1146352/n3054355/n3057585/n3057592/c5599879/content.html。

术取得重大突破、我国汽车品牌全面发展、国际发展能力明显提升三个行业共识目标及全产业链实现安全可控、新型产业生态基本形成、绿色发展水平大幅提高三个产业强国目标。"六"项重点任务是目标实现的重要支撑，分别是完善创新体系，增强自主发展动力；强化基础能力，贯通产业链条体系；突破重点领域，推动产业结构升级；加速跨界融合，构建新型产业生态；提升质量品牌，打造国际领军企业；深化开放合作，提高国际发展能力。"八"项重点工程分别对应于六项任务，分别是创新中心建设工程、关键零部件重点突破工程、新能源汽车研发和推广应用工程、智能网联汽车推进工程、先进节能环保汽车技术提升工程、"汽车+"跨界融合工程、汽车质量品牌建设工程、海外发展工程。

（二）《道路机动车辆生产企业及产品准入管理办法》①

近年来，互联网技术、信息通信技术与传统汽车制造技术深度融合，催生了代工生产、授权制造等新生产方式。为适应新形势发展，促进汽车产业转型升级，通过制定《道路机动车辆生产企业及产品准入管理办法》，打通采用新技术、新工艺、新材料及新生产方式的企业及产品准入通道，推动汽车新型产业生态形成。该办法共七章四十七条，主要内容如下。

第一，简化企业和产品类型。一是将原来过于细分的十九类生产企业和产品，简化为乘用车类、货车类、客车类、专用车类、摩托车类、挂车类六大类别，企业获得某一个类别的准入后，生产该类别之内的产品，无须再次申请企业准入。二是推行车辆产品系族管理，鼓励企业对同一系族的车型产品按照系族申请产品准入，减少准入产品型号。

第二，优化准入管理流程。一是减少准入申请要提交的材料。二是推行备案管理，对已经取得准入的企业变更法定代表人、注册地址等事项及已经取得准入的车辆产品变更产品参数的，由原先的重新申请公告改为备案管理。

第三，建立开放的检验检测制度。一是明确具备相应法定资质，即可承担车辆产品准入管理的检验工作。二是对已经实施 3C 认证的汽车零部件，直接采用认证结果。三是在企业集团中试点开展车辆产品自我检验。

第四，建立新业态发展需要的新制度。一是建立新技术、新工艺、新材料评估制度。二是推行集团化管理改革，允许具有相同生产资质的集团成员企业

---

① 工业和信息化部：《〈道路机动车辆生产企业及产品准入管理办法〉解读》，2018 年 1 2 月 6 日，见 http://www.miit.gov.cn/n1146295/n1652858/n1653018/c6531348/content.html。

之间相互代工。三是允许符合规定条件的研发设计企业借用生产企业的生产能力申请准入。

第五，建立货车委托生产管理制度。一是明确货车类道路机动车辆生产企业可以自行完成平板、仓栅、厢式、自卸车辆的上装生产作业，也可以委托其他上装生产企业生产。二是明确由委托企业（货车企业）统一进行道路机动车辆产品准入申请，承担产品质量和生产一致性责任。

第六，完善监督检查措施。一是建立以随机抽查为重点的日常监督检查制度。二是建立特别公示制度，对已经取得车辆生产企业及产品准入，但不能维持正常生产经营的车辆生产企业，予以特别公示。三是建立信用记录制度，将道路机动车辆生产企业、检验检测机构失信行为记入信用档案。

第七，明确法律责任。针对未经准入擅自生产、销售、申请准入或备案时隐瞒有关情况、提供虚假材料、以出租、出借、买卖或者其他形式非法转让准入等行为，规定了相应的法律责任。

（三）《中华人民共和国车辆购置税法》《关于节能新能源车船享受车船税优惠政策的通知》

这两大政策不仅体现中央"经济维稳"宏观经济战略而且兼具定向性与精准性，有助对汽车产业结构产生正向刺激效应。《关于节能新能源车船享受车船税优惠政策的通知》明确规定，政策仅限定 1.6L 以下(含 1.6L)的燃用汽油、柴油的乘用车（含非插电式混合动力、双燃料和两用燃料乘用车）。这一标准的设置与节能减排相匹配，有利于自主创新品牌的销售，有利于补贴范围的传统车车型发展，促进我国汽车产业产品结构的优化。

第二节　2018 年汽车产业结构调整的主要情况

2018 年，我国汽车行业整体保持稳中渐进态势。从产量看，行业整体继续保持高位运行；从销量看，细分市场出现分化，乘用车累计产销分别完成 2352.9 万辆和 2371 万辆，同比分别下降 5.2%和 4.1%，商用车累计产销分别完成 428 万辆和 437.1 万辆，同比分别增长 1.7%和 5.1%。①由于政府重视和政策引导，新能源汽车延续增速态势。汽车集团实力进一步增强，自主品牌汽车市场竞争分化，产业结构向优化层面夯实推进。

---

① 工业和信息化部：《2018 年汽车工业经济运行情况》，2019 年 1 月 16 日，见 http://www.miit.gov.cn/n1146285/n1146352/n3054355/n3057585/n3057592/c6600201/content.html。

一、传统汽车出现小低迷，新能源汽车进入新阶段

新能源汽车保持高速增长势头，市场规模继续扩大。据汽车工业协会统计，2018 年我国新能源汽车产销分别完成 127 万辆和 125.6 万辆，比 2017 年同期分别增长 59.9% 和 61.7%。其中纯电动汽车产销分别完成 98.6 万辆和 98.4 万辆，比 2017 年同期分别增长 47.9% 和 50.8%；插电式混合动力汽车产销分别完成 28.3 万辆和 27.1 万辆，比 2017 年同期分别增长 122% 和 118%；燃料电池汽车产销均完成 1527 辆。[①]

根据 Wind 数据显示，截至 2018 年 12 月，我国新能源车保有量超过 261 万辆，与 2014 年起始记录相比增长 10 倍有余。2018 年我国新能源乘用车销量超过 104 万辆，分别是美国、德国、法国的 3.39 倍、4.61 倍、1.68 倍。随着补贴政策的调整，车企普遍以提升电池能量密度和续航能力来获得更高补贴标准和补贴调整系数，以对冲补贴政策退坡。经过多年的技术经验积累，新品的竞争力持续提升。目前新能源汽车普遍采用高能量密度电池，纯电车型续航能力大幅提升。传统燃油车零售增速，新能源车成为乘用车增长的主要动力。

另外，一个新的特点是，智能车加速市场渗透，智能网联汽车拐点显现。

二、自主品牌汽车短期遇冷，进口汽车波浪发展

2018 年，中国品牌乘用车共销售 997.99 万辆，同比下降 7.99%，占乘用车销售总量的 42.09%，占有率比 2017 年同期下降 1.79 个百分点。[②]其中：中国品牌轿车销售 239.9 万辆，同比增长 1.9%，占轿车销售总量的 20.8%，比 2017 年同期提升 0.9 个百分点；中国品牌 SUV 销售 580 万辆，同比下降 6.7%，占 SUV 销售总量的 58%，比 2017 年同期下降 2.6 个百分点；中国品牌 MPV 销售 132.8 万辆，同比下降 23.1%，占 MPV 销售总量的 76.6%，比 2017 年同期下降 6.9 个百分点。[③]

据中国进口汽车专业委员会统计，2018 年后三个季度进口汽车市场波动巨

---

① 中国汽车工业协会：《2018 年汽车工业经济运行情况》，2019 年 1 月 14 日，见 http://www.auto-stats.org.cn/ReadArticle.asp?NewsID=10406。

② 中国汽车工业协会：《2018 年乘用车分国别销售情况简析》，2019 年 1 月 18 日，见 http://www.caam.org.cn/zhengche/20190118/1505221289.html。

③ 中国汽车工业协会：《2018 年汽车工业经济运行情况》，2019 年 1 月 14 日，见 http://www.auto-stats.org.cn/ReadArticle.asp?NewsID=10406。

大。第二季度下滑 45.1%，第三季度恢复性提高 30.1%，第四季度同比降低 21.3%；终端销量第二季度下降 17.5%，第三季度有所恢复，第四季度跌幅扩大至 4.3%。2018 整年进口汽车出现供需双降。海关进口量 110.8 万辆，同比下降 8.8%；经销商交付客户进口汽车销量为 85.4 万辆，同比降低 5.6%。[①]

三、客车销量下滑，区域降幅有异

2018 年国内客车销量降低，六大地区客车销售有别。具体来看，中南地区增速比 2017 年明显回落，共销售 9.82 万辆，增速比 2017 年回落 12.87 个百分点。东北和西北地区结束 2017 年增长，呈一定下降，其中东北地区降幅更为明显，2018 年东北地区共销售 1.98 万辆，同比下降 43.60%；西北地区销售 2.28 万辆，同比下降 13.18%。华东地区降幅比 2017 年有所收窄，共销售 12.89 万辆，同比下降 8.51%，降幅比 2017 年收窄 1.70 个百分点。华北地区销量同比降幅比 2017 年有所扩大，共销售 4.66 万辆，同比下降 17.61%，降幅比 2017 年扩大 14.09 个百分点；西南地区依然呈小幅下降，共销售 3.95 万辆，同比下降 5.75%。[②]

另外，2018 年乘用车市场整体表现低迷。虽然 2018 年上半年销量表现较好，但三季度以来受内外部负面因素影响销量走弱，四季度四大细分市场均出现明显降幅，MPV 下滑较为严重。

第三节　面临的问题与挑战

一、汽车自主品牌待加强

当前，汽车自主品牌依然是发展软肋。第一，品牌主张不明，即有的宣传过于含糊，缺乏对品牌的深邃进行挖掘。产品同质化现象比较突出。第二，品牌定位不清，现有的自主品牌界定模糊，导致品牌黏合度与美誉度较低。第三，品牌知名度不高，多依靠低价营销抢占国内外市场。一方面压缩企业经济效益，另一方面无助改善我国汽车品牌国际形象。

---

① 进口汽车专业委员会：《2018 年中国进口汽车市场研究报告》，2019 年 2 月 1 日，见 http://www.cada.cn/Data/info_87_7029.html。

② 中国汽车工业协会：《2018 年国内六大地区客车销售情况简析》，2019 年 1 月 2 1 日，见 http://www.caam.org.cn/zhengche/20190118/1505221285.html。

二、关键技术材料仍薄弱

核心关键技术材料直接影响底盘、发动机、零部件等，关系质量可靠性、产品设计和安全性。材料、加工等技术领域直接关联零件的精密性、使用耐用性及吻合度，然而结构性的缺失构成我国汽车产业发展的瓶颈。

第一，虽然经过几十年的发展，我国汽车技材已经取得一定成就，但总的来看关键技术与材料的短板尚未根本改善，与发达国家相比，差距依然处于鸿沟层面，造成受制于发达国家对我国汽车出口的技术壁垒。

第二，核心、关键零部件技术均被外企把持。目前，汽油发动机供应依然由日本主导。我国电喷市场份额几乎由美、德、日垄断，美国、德国几乎把控我国重型变速器市场。作为全球最大的自动变速器生产商，日本控股的爱信公司已将触角延伸到我国汽车工业所有角落。德国伟巴斯特为所有国内合资品牌、自主品牌供货。意大利博通、宾尼法瑞那、乔治亚罗、意迪亚为全球所有主流汽车公司设计外观。

第三，在新能源汽车方面的动力电池、电控系统等依然受制于国外，追跑周期依然艰巨，亟待革命式破局。

第十一章

电子信息产业结构调整

2018 年，在复杂多变的全球经济形势下，我国抢抓新一轮科技革命的发展机遇，加快推进电子信息产业结构升级。随着信息消费市场爆炸式增长，拉动了电子制造业的智能化、移动化发展，我国电子信息产品结构不断升级。同时，2018 年发生的"中兴事件"再次凸显出我国电子信息产业仍面临的重大风险，核心关键技术和关键原材料缺失依然是制约我国电子信息产业发展的主要因素，对外依存度偏高导致我国电子信息产业安全面临严重挑战。

第一节 2018 年电子信息产业结构调整的主要政策

一、政策基本情况

（一）人工智能战略持续深入推进

自 2017 年国务院发布《新一代人工智能发展规划》以来，各部门、各地方纷纷推进政策落实。2017 年 12 月工业和信息化部于印发了《促进新一代人工智能产业发展三年行动计划（2018—2020 年）》，以信息技术与制造业深度融合为主线，以新一代人工智能技术的产业化和集成应用为重点，推进人工智能和制造业深度融合，加快制造强国和网络强国建设。2018 年 1 月，国家标准化管理委员开展落实我国人工智能标准化工作，并发布了《人工智能标准化白皮书（2018 版）》。我国各地方相继出台支持人工智能发展的政策措施，加快推进人工智能产业的全国布局。2018 年 1 月，天津市人民政府办公厅印发《天津市人工智能科技创新专项行动计划》；2017 年 12 月，吉林省人民政府发布《关于落实新一代人工智能发展规划的实施意见》；2018 年 2 月，黑龙江省人民政府印发《黑龙江省人工智能产业三年专项行动计划（2018—2020 年）》；2018 年 3 月，福建省人民政府发布了《关于推动新一代人工智能加快发展的实施意见》；2018 年 7 月，广东省发布了《新一代人工智能发展规划（2018—2030 年）（征求意见稿）》；2018 年 9 月，四川省人民政府印发了《四川省新一代人工智能发展实施方案》等。

（二）工业互联网成为推进两化融合的重要抓手

2017 年 11 月，国务院出台了《国务院关于深化"互联网+先进制造业"发展工业互联网的指导意见》，大力推动我国工业互联网的建设和发展。2018 年，工业和信息化部先后发布了《工业互联网发展行动计划（2018—2020 年）》《工业互联网平台建设及推广指南》《工业互联网平台评价方法》等相关政策，推动数字经济与实体经济的融合发展，支撑制造强国和网络强国建设。2018 年电子信息产业主要政策一览见表 11-1。

表 11-1 2018 年电子信息产业主要政策一览

发布时间	发布部门	政策名称
2017 年 11 月	国务院	《国务院关于深化"互联网+先进制造业"发展工业互联网的指导意见》
2018 年 1 月	国家标准化管理委员会	《人工智能标准化白皮书（2018 版）》
2018 年 5 月	工业和信息化部	《工业互联网 APP 培育工程实施方案（2018—2020 年）》
2018 年 5 月	工业和信息化部、国务院国有资产监督管理委员会	《关于深入推进网络提速降费加快培育经济发展新动能 2018 专项行动的实施意见》
2018 年 6 月	工业和信息化部	《工业互联网发展行动计划（2018—2020 年）》
2018 年 7 月	工业和信息化部	《工业互联网平台建设及推广指南》《工业互联网平台评价方法》
2018 年 10 月	工业和信息化部、国家标准化管理委员会	《国家智能制造标准体系建设指南（2018 年版）》
2018 年 12 月	工业和信息化部	《关于加快推进虚拟现实产业发展的指导意见》
2018 年 12 月	工业和信息化部	《车联网（智能网联汽车）产业发展行动计划》

数据来源：赛迪智库整理 2019，04

二、重点政策解析

（一）工业互联网发展行动计划（2018—2020 年）

为抢抓新一轮工业革命机遇，加速布局工业互联网，国务院于 2017 年 11 月印发了《国务院关于深化"互联网+先进制造业"发展工业互联网的指导意见》。为落实国务院的决策部署，2018 年 6 月，工业和信息化部发布《工业互联网发展行动计划（2018—2020 年）》（以下简称《计划》）和《工业互联网专项工作组 2018 年工作计划》，制定了工业互联网建设"三步走"路线图，我国工业互联网建设进入"快车道"。

《计划》明确了 3 年目标。到 2020 年年底，初步建成工业互联网基础设施和产业体系，包括建成 5 个左右标识解析国家顶级节点，标识注册量超过 20 亿，推动 30 万家以上工业企业上云，培育超过 30 万个工业 App，制定设备、平台、数据等至少 10 项相关安全标准等。

《计划》提出了 8 项重点任务，包括基础设施能力提升行动、标识解析体系构建行动、工业互联网平台建设行动、核心技术标准突破行动、新模式新业态培育行动、产业生态融通发展行动、安全保障水平增强行动、开放合作实施推进行动。8 项重点任务呈现出我国工业互联网建设的顶层制度设计、结构设计、标准设计、技术路线设计等方面。未来三年，我国工业联网建设将进一步加快。

（二）关于加快推进虚拟现实产业发展的指导意见

2018 年 10 月，2018 世界 VR 产业大会在南昌举行。习近平总书记在贺信中指出，当前新一轮科技革命和产业变革正在蓬勃发展，虚拟现实技术逐步走向成熟，拓展了人类感知能力，改变了产品形态和服务模式。习总书记的贺信，充分体现了党中央、国务院对发展虚拟现实产业的高度重视。2018 年 12 月，工业和信息化部发布《关于加快推进虚拟现实产业发展的指导意见》（以下简称《意见》）。

《意见》明确了两阶段目标，到 2020 年建立比较健全的虚拟现实产业链条，到 2025 年使我国虚拟现实产业整体实力进入全球前列。

《意见》提出了六大发展任务。一是突破的关键核心技术，包括近眼显示技术、感知交互技术、渲染处理技术、内容制作技术。二是丰富产品有效供给，包括整机设备、感知交互设备、内容采集制作设备、开发工具软件、行业解决方案、分发平台的研发及产业化。三是推动"VR+"在制造、教育、文化、健康、商贸等行业领域的应用。四是建设共性技术创新服务、创新创业孵化服务、行业交流对接服务三大公共服务平台。五是构建标准规范体系。六是增强安全保障能力。

第二节　2018 年电子信息产业结构调整的主要情况

一、电子信息产业保持高速增长

电子信息产业规模持续扩大。根据工业和信息化部数据，2018 年，我国规模以上电子信息制造业增加值同比增长 13.1%，快于全国规模以上工业增速 6.9 个百分点；固定资产投资同比增长 16.6%，高于制造业整体投资增速 7.1 个百分点。2018 年全年电子制造业与软件业收入规模合计超过 16 万亿元，实现出口交货值同比增长 9.8%。根据中国电子信息行业联合会数据，2018 年，我国手机、计算机、彩电产量分别占全球总产量的 90%、90%和 70%以上；光伏产业链各环节生产规模已连续多年全球占比超过 50%，稳居全球首位；我国大陆企业显示面板出货面积位居全球第一。

二、电子信息产品结构持续升级

从软硬件角度看，软件增速快于硬件。2018 年，电子制造业收入规模 10.6 万亿元（国家统计局统计），同比增长 9%；软件业收入超过 6 万亿元，增长近 15%，高于制造业 6 个百分点。2018 年，规模以上电子信息制造业利润总额 4781 亿元；软件业利润总额超过 7000 亿元，[①]大幅度高于制造业利润规模，软件产业成为提升我国电子信息产业质量效益的主要推动力。软件领域中，信息安全和工业软件产品实现收入 1698 亿元和 1477 亿元，分别增长 14.8%和 14.2%，为支撑信息系统安全和工业领域的自主可控发展发挥了重要作用。其中，中西部地区软件业务收入加快增长。2018 年，中部和西部地区完成软件业务收入为 3163 亿元和 7189 亿元，分别增长 19.2%和 16.2%，高于全国增速 5.0 个和 2.0 个百分点。东部地区软件业实现稳步增长，全年完成软件业务收入 49795 亿元，同比增长 14.2%，占全国软件业的比重为 79.0%。

三、行业技术创新能力不断提升

华为等中国科技企业继续引领创新。2019 年 1 月 2 日，欧盟委员会正式公布了《2018 年欧盟工业研发投资排名》，三星电子（134.37 亿欧元）、谷歌母公司 Alphabet（133.88 亿欧元）、大众（131.35 亿欧元）、微软（122.79 亿欧

---

① 中国电子信息行业联合会数据。

元）和华为（113.34 亿欧元）分别位列前五名。华为成为榜单前 50 中唯一一家中国公司，中国共有 11 家企业进入全球前 100 名。技术创新方面，华为研发出麒麟 970 智能芯片，飞腾、龙芯、兆芯等国产 CPU 性能持续提升；京东方首条柔性屏生产线实现量产，结束了国外企业的垄断局面；紫光集团旗下的长江存储在美国闪存峰会上宣布全新的 3D NAND 架构 Xtacking；集成电路先进制程的发展正在加快，主流设计水平达到 16/14 纳米，产品和服务的高端化、智能化不断推动整个产业的结构升级。

四、龙头企业整体发展水平不断提升

2018 年 7 月，"2018 年中国电子信息百强企业"名单发布。根据中国电子信息行业联合会数据，华为、联想、海尔名列榜单前三名，百强共实现主营业务收入合计 3.5 万亿元，比上届增长 16.7%；总资产合计 4.4 万亿元，比上届增长 10%，其中前三名企业主营业务收入均超过 2000 亿元。百强企业创新带动能力进一步增强。截至 2017 年年末，百强企业发明专利 26.1 万件，在行业中占比达到 76.6%，相比 2016 年年末提高 16.6 个百分点。本届百强企业 2017 年出口额达到 7737 亿元，占行业总量比重达到 18.4%。在产品出口规模扩张的同时，百强企业引领中国品牌的国际影响力和国际分工地位不断提高。华为、中兴、联想、小米、TCL、创维等企业海外知名度持续提升。

第三节　面临的问题与挑战

一、传统消费电子产品迎来行业天花板

从宏观经济来看，当前全球经济增速放缓，全球化进程受到单边主义的不利影响，中美贸易争端加剧，我国电子信息产业在出口、投资等方面面临更加复杂的不确定性。作为我国传统制造的优势领域，电脑、手机、家电等消费电子产品市场发展呈现放缓态势。根据国家统计局数据，2018 年，我国通信设备制造业主营业务收入同比增长 9.6%，但利润同比下降 11.8%（2017 年为增长 38.0%），手机产量同比下降 4.1%，其中智能手机同比下降 0.6%。计算机制造业主要产品中，微型计算机设备产量同比下降 1.0%，其中笔记本电脑产量同比增长 0.6%，平板电脑产量同比增长 2.8%。传统消费电子产品天花板效应凸显，多产业的拉动作用逐渐减弱。

二、集成电路等核心技术亟待突破

2018 年 4 月发生"中兴事件",美国商务部禁止美国公司向中兴通讯出口零部件产品,期限为 7 年;2018 年 8 月,美国商务部以"涉嫌从事军事相关生产经营活动"为由限制美国公司向 44 家中国企业出口任何商品(包括设备和零部件);澳大利亚政府以安全担忧为由,禁止华为公司为其规划中的 5G 移动网络供应设备……一系列事件表明,我国在关键核心技术领域存在重大短板,已经严重威胁到产业安全和国防需求。根据中国海关总署公布的全国进口/出口重点商品量值表显示,2018 年全年,中国进口集成电路 4176 亿个,同比增长10.8%,总金额高达 3120.58 亿美元(约合人民币 2.1 万亿元),同比增长19.8%,占我国进口总额的 14%左右。相比之下,2018 年全年,我国出口集成电路数量为 2171.0 亿个,同比增长 6.20%,对应集成电路的出口额为 846.36 亿美元,同比增长 26.6%。中国集成电路进口额达到了出口额的近 3 倍。随着国际巨头在全球不断进行整合布局,我国在集成电路领域顶尖工艺技术的追赶难度加大,核心技术突破需要加快布局。

第十二章
战略新兴产业发展

第一节　2018 年战略新兴产业的主要政策

　　2018 年全球战略性新兴产业继续获得科技巨头的青睐，成为拉动全球经济增长的新动能，国内战略性新兴产业受国家政策和宏观经济环境的影响，支撑引领作用更加凸显，优势领域国际地位进一步提高，部分领域领先优势得到进一步强化。但同时我们也不能忽视产业发展中存在的突出问题，如产业环境尚不完善、关键材料与部件受制于人、产业低端重复建设及行业管理水平有待提高等。因此，在未来的发展中需要认真分析形势，对应解决问题，支持战略性新兴产业平稳发展，并为今后经济发展提供持续动能。

一、节能环保产业的相关政策

　　党的十九大以来，我国开始打响环保攻坚战。2018 年是我国节能环保产业发展硕果累累的一年。随着生态文明体制改革不断推进，绿水青山就是金山银山的理念深入人心，绿色发展、循环发展、低碳发展已经成为社会共识，我国围绕"气、水、土"三大战役制定了一系列环保政策。

　　新修订的《中华人民共和国水污染防治法》于 2018 年 1 月 1 日起在全国推行。根据规定，水污染防治应当坚持预防为主、防治结合、综合治理的原则，优先保护饮用水水源，严格控制工业污染、城镇生活污染，防治农业面源污染，积极推进生态治理工程建设，预防、控制和减少水环境污染和生态破坏。新法将生态文明建设的新要求和《水污染防治行动计划》中提出的新措施予以规范化、法制化。其亮点之一是增加了"河长制"的内容，要求省、市、县、乡建立河长制，分级分段组织领导本行政区域内江河、湖泊的水资源保护、水域岸线管理、水污染防治、水环境治理等工作。

2018 年 1 月 1 日起，在全国试行生态环境损害赔偿制度。通过试行，进一步明确生态环境损害赔偿范围、责任主体、索赔主体、损害赔偿解决途径等，形成相应鉴定评估管理和技术体系、资金保障和运行机制，逐步建立生态环境损害的修复和赔偿制度。方案明确，到 2020 年，力争在全国范围内初步构建责任明确、途径畅通、技术规范、保障有力、赔偿到位、修复有效的生态环境损害赔偿制度。

2018 年 4 月，中央财经委员会第一次会议明确提出，未来三年要打赢蓝天保卫战，打好柴油货车污染治理、城市黑臭水体治理、渤海综合治理、长江保护修复、水源地保护、农业农村污染治理攻坚战。其中，后五项属于涉"水"攻坚战。黑臭水治理督查率先启动，后续长江流域、渤海流域将陆续启动，有望在全国范围内提升环保热度。

2018 年 4 月 14 日，中共中央国务院批复《河北雄安新区规划纲要》。批复中关于环境保护的相关要求明确指出，雄安新区蓝绿空间占比稳定在 70%，远景开发强度控制在 30%，森林覆盖率达到 40%，起步区绿化覆盖率达到 50%。采用先进技术布局建设污水和垃圾处理系统，加强白洋淀生态环境治理和保护，逐步恢复白洋淀"华北之肾"功能。

2018 年 5 月 16 日，生态环境部发布《钢铁工业大气污染物超低排放标准（征求意见稿）》，明确提出了超低排放指标、各类重点任务及政策扶持措施。非电超低排放成大势所趋，钢铁作为"排污大头"首当其冲。2018 年政府工作报告中明确提出，今年要推动钢铁等行业超低排放改造。随后的 2018 年全国环境保护工作会议上再次强调将启动钢铁行业超低排放改造。具体要求 2020 年 10 月底前的京津冀、长三角和汾渭平原，到 2022 年年底前的珠三角、成渝、辽宁中部、武汉及其周边、长株潭、乌昌，再到 2025 年年底前的全国分层次实现超低排放，从时间和区域上分类实施，有序推进，充分平衡产能减法和指标加法之间的关系。

二、新能源产业的相关政策

2018 年 4 月 11 日，工业和信息化部联合住房和城乡建设部、交通运输部、农业农村部、国家能源局、国务院扶贫办等部门联合印发了《智能光伏产业发展行动计划（2018—2020 年）》。该行动计划的总体要求是全面贯彻党的十九大精神，以习近平新时代中国特色社会主义思想为指导，牢固树立和贯彻落实新发展理念，深入实施制造强国战略，推进供给侧结构性改革，构建智能光伏产业生态体系。围绕上述要求，基于坚持市场主导、政府引导，坚持创新驱动、产用融合，坚持协同施策、分步推进等原则，通过统筹资源、协同施策，把提高供给体系质量作为主攻方向，加快发展先进制造业，加快提升光伏产业智能制造水平，推动互联网、大数据、人工智能等与光伏产业深度融合，鼓励特色行业智能光伏应用，促进我国光伏产业迈向全球价值链中高端。

2018 年 6 月 19 日，交通运输部办公厅、公安部办公厅、商务部办公厅印发《关于公布城市绿色货运配送示范工程创建城市的通知》。按照《交通运输部办公厅 公安部办公厅 商务部办公厅关于组织开展城市绿色货运配送示范工程的通知》（交办运〔2017〕191 号）。经城市申报、各省初选推荐和专家评审，并经交通运输部、公安部、商务部研究同意，确定天津、石家庄、邯郸、衡水、鄂尔多斯、苏州、厦门、青岛、许昌、安阳、襄阳、十堰、长沙、广州、深圳、成都、泸州、铜仁、兰州、银川、太原、大同共 22 个城市为绿色货运配送示范工程创建城市。

2018 年 7 月 5 日，国务院印发《打赢蓝天保卫战三年行动计划》，文件指出：打赢蓝天保卫战，是党的十九大作出的重大决策部署，事关满足人民日益增长的美好生活需要，事关全面建成小康社会，事关经济高质量发展和美丽中国建设。为加快改善环境空气质量，打赢蓝天保卫战，制定本行动计划。经过 3 年努力，大幅减少主要大气污染物排放总量，协同减少温室气体排放，进一步明显降低细颗粒物（PM2.5）浓度，明显减少重污染天数，明显改善环境空气质量，明显增强人民的蓝天幸福感。到 2020 年，二氧化硫、氮氧化物排放总量分别比 2015 年下降 15%以上；PM2.5 未达标地级及以上城市浓度比 2015 年下降 18%以上，地级及以上城市空气质量优良天数比率达到 80%，重度及以上污染天数比率比 2015 年下降 25%以上；提前完成"十三五"目标任务的省份，要保持和巩固改善成果；尚未完成的省份，要确保全面实现"十三五"约束性目标；北京市环境空气质量改善目标应在"十三五"目标基础上进一步提高。

三、新能源汽车产业的相关政策

2018 年国家累计出台了多项新能源汽车产业相关政策，涉及新能源汽车产业的方方面面，如宏观环境、财政补贴、基础设施、安全管理、技术研发、智联网等。其中，工业和信息化部出台的政策数量最多，发改委紧随其后，科学技术部、交通运输部、国务院、国家能源局等多个部委均有相关政策出台。

2018 年 2 月 8 日，为落实《关于免征新能源汽车车辆购置税的公告》（2017 年第 172 号）等相关要求，进一步加强《免征车辆购置税的新能源汽车车型目录》（以下简称《目录》）管理，建立健全动态管理机制，工业和信息化部、财政部、国家税务总局研究形成《关于加强新能源汽车免征车辆购置税目录管理的公告（征求意见稿）》。文件指出，要加强《目录》动态管理，凡 2017 年 1 月 1 日及以后列入"新能源汽车免征购置税目录"的车型，进入《目录》后 12 个月内若无产量，经公示 5 个工作日无异议后，将从《目录》中予以撤销。

2018 年 2 月 13 日，财政部、工业和信息化部、科学技术部、国家发展和改革委员会四部委联合发布《关于调整完善新能源汽车推广应用财政补贴政策的通知》。该通知明确指出，新政策从 2018 年 2 月 12 日起实施，2018 年 2 月 12 日至 6 月 11 日为过渡期，过渡期间上牌的新能源乘用车、新能源客车按照此前对应标准的 0.7 倍补贴，新能源货车和专用车按 0.4 倍补贴，燃料电池汽车补贴标准不变。此外，从 2018 年起将新能源汽车地方购置补贴资金逐渐转为支持充电基础设施建设和运营、新能源汽车使用和运营等环节。

2018 年 3 月 2 日，为贯彻落实《新能源汽车动力蓄电池回收利用管理暂行办法》，工业和信息化部等七部委联合发布了《新能源汽车动力蓄电池回收利用试点实施方案》。实施方案要求，到 2020 年，建立完善动力蓄电池回收利用体系，探索形成动力蓄电池回收利用创新商业合作模式。建设若干再生利用示范生产线，建设一批退役动力蓄电池高效回收、高值利用的先进示范项目，培育一批动力蓄电池回收利用标杆企业，研发推广一批动力蓄电池回收利用关键技术，发布一批动力蓄电池回收利用相关技术标准，研究提出促进动力蓄电池回收利用的政策措施。实施方案指出，充分落实生产者责任延伸制度，由汽车生产企业、电池生产企业、报废汽车回收拆解企业与综合利用企业等通过多种形式，合作共建、共用废旧动力蓄电池回收渠道。充分发挥市场化机制作用，鼓励产业链上下游企业进行有效的信息沟通和密切合作，以满足市场需求和资源利用价值最大化为目标，建立稳定的商业运营模式，推动形成动力蓄电池梯次利用规模化市场。鼓励新能源汽车、动力蓄电池生产企业在产品开发阶段优化产品回收和资源化利用的设计；开展废旧动力蓄电池余能检测、残值评估、快速分选和重组利用、安全管理等梯次利用关键共性技术研究，鼓励在余能检测、残值评估等阶段适当引入第三方评价机制。另外，实施方案明确了试点范围：在京津冀、长三角、珠三角、中部区域等选择部分地区，开展新能源汽车动力蓄电池回收利用试点工作，以试点地区为中心，向周边区域辐射。支持中国铁塔公司等企业结合各地区试点工作，充分发挥企业自身优势，开展动力蓄电池梯次利用示范工程建设。

2018 年 4 与 2 日，工业和信息化部、财政部、国家税务总局三部委联合发布公告，进一步加强《免征车辆购置税的新能源汽车车型目录》（以下简称《目录》）管理，建立健全动态管理机制。公告指出：

（一）为加强《目录》动态管理，工业和信息化部、国家税务总局对 2017 年 1 月 1 日以前列入《目录》后截至本公告发布之日无产量或进口量的车型、2017 年 1 月 1 日及以后列入《目录》后 12 个月内无产量或进口量的车型，经公示 5 个工作日无异议后，从《目录》中予以撤销。

（二）从《目录》撤销的车型，自公告发布之日起，机动车合格证信息管理系统将不再接收带有免税标识的撤销车型信息，税务机关不再为其办理免征车辆购置税优惠手续。

（三）已从《目录》撤销但需恢复资格的车型，企业要按政策要求重新申报，经审查通过后列入《目录》。

（四）购置新车时已享受购置税优惠的车辆，后续转让、交易时不再补缴车辆购置税。

（五）工业和信息化部将对《目录》内企业、车型加强事后监督检查，如发现存在违反相关标准法规的，工业和信息化部、国家税务总局将按照相关要求予以处理处罚。

2018 年 4 月 19 日，财政部、工业和信息化部、科学技术部、国家发展和改革委员会发布《关于开展 2017 年及以前年度新能源汽车推广应用补贴资金清算申报的通知》。通知指出：各级牵头部门提交本地汽车生产企业 2017 年 1 月 1 日至 12 月 31 日中央财政补贴资金清算申请报告。对于 2015 年度、2016 年销售上牌但未获补贴的车辆按照对应年度补贴标准执行。除私人购买新能源乘用车、作业类专用车、党政机关公务车、民航机场场内车辆外，其他类型新能源汽车累计行驶里程须达到 2 万公里（截至 2017 年 12 月 31 日）即可获得补贴。

2018 年 5 月 17 日，为加强新能源汽车动力蓄电池回收利用溯源管理，规范和指导各相关方履行溯源管理责任，工业和信息化部组织编制了《新能源汽车动力蓄电池回收利用溯源管理暂行规定》（征求意见稿）。征求意见稿显示，按照要求，应建立"新能源汽车国家监测与动力蓄电池回收利用溯源综合管理平台"，对动力蓄电池生产、销售、使用、报废、回收、利用等全过程进行信息采集，对各环节主体履行回收利用责任情况实施监测。

2018 年 6 月 19 日，工业和信息化部发布《关于做好平行进口汽车燃料消耗量与新能源汽车积分数据报送工作的通知》。通知指出：根据《乘用车企业平均燃料消耗量与新能源汽车积分并行管理办法》有关要求，为做好乘用车企业平均燃料消耗量和新能源汽车积分核算工作，各平行进口乘用车供应企业应及时报送其所进口的乘用车燃料消耗量和新能源乘用车相关数据。报送范围：在中华人民共和国境内进口并用于境内销售的、最大设计总质量不超过3500千克的乘用车，包括能够燃用汽油、柴油或者气体燃料的传统能源乘用车（含非插电式混合动力乘用车）及纯电动、插电式混合动力（含增程式）、燃料电池等新能源乘用车。

2018年9月6日，工业和信息化部发布了《新能源汽车推广应用推荐车型目录（2018年第9批）》，共包括108户企业的288个车型，其中纯电动产品共101户企业269个型号、插电式混合动力产品共7户企业9个型号、燃料电池产品共8户企业10个型号。较之2018年第8批目录，第9批目录车型中，新能源客车数量反超新能源专用车，共计127款占总目录比重的44%，而新能源专用车数量为110款，占比38%。新能源乘用车数量依旧最少（共51款），不过18%的数量占比较上一批次已有所上升。在本次公告的51款新能源乘用车中，江苏九龙共4款车型入围，力帆、威马、上汽、金龙客车、领途汽车、江南汽车、红星汽车、沃尔沃入榜车型均为3款，一汽和海马分别有2款车，剩余19家企业仅有1款车型进入。

2018年11月23日，财政部、工业和信息化部、科学技术部和国家发展和改革委员会联合发布《关于开展2016及以前年度新能源汽车推广应用补助资金清算的通知》。该通知指出：对于2015年、2016年销售上牌、此前未获得中央财政补贴资金的车辆，分别按照对应年度政策上报。申请补贴的运营车辆原则上应安装车载终端等远程监控设备，并且按照国家有关要求上传运行数据。此外，除私人购买、作业类专用车、党政机关公务用车、民航机场场内用车外，其他类新能源汽车累计行驶里程需达到2万公里，截止日期为2018年10月31日。其中，对2015年度关联方及经销商处闲置、终端用户处闲置的车辆，将对车辆交付终端用户及运行使用情况进行重点核查，经驻地财政监察专员办事处审核同意后将结果一并上报。补贴申报后，再经省级新能源推广部门会同其他相关部门财务审查、资料审核和重点抽查后，于2018年12月31日前将申报材料交至工业和信息化部和财政部。工业和信息化部将会同其他主管部门对上报材料进行审核，并对实际推广情况进行现场抽查，发现弄虚作假问题将严厉处罚。

2018年11月30日，国家发展和改革委员会、国家能源局、工业和信息化部和财政部联合下发"关于《提升新能源汽车充电保障能力行动计划》的通知"。行动计划提出：力争用3年时间大幅提升充电技术水平，提供充电设施产品质量，加快完善充电标准体系，全面优化充电设施布局，显著增强充电网络互联互通能力，快速升级充电运营服务品质，进一步优化充电基础设施发展环境和产业格局作为行动计划目标。充分发挥中国充电联盟等行业组织的作用，积极促进充电设施行业向规模化、规范化、多元化方向发展，促进创新，提质增效。通过开展自愿性产品检测认证、行业白名单制定等工作，配合政府部门严格产品准入和事中事后监督，引导充电技术进步，提升充电设施产品质量和服务水平，强化企业社会责任和行业自律。推动国家充电基础设施信息服务平台建设，加快与国家新能源汽车监管平台的信息互联互通。

四、生物产业的相关政策

2018 年 7 月 12 日，国家卫生健康委员会发布《关于深入开展"互联网+医疗健康"便民惠民活动的通知》。该通知提出：加快推进智慧医院建设，运用互联网信息技术，改造优化诊疗流程，贯通诊前、诊中、诊后各环节，改善患者就医体验。

2018 年 8 月 1 日，新《医疗器械分类目录》开始实施，国家药品监督管理局将进一步加大对分类目录系统的建设和管理，建立工作机制和操作程序，及时分析、科学评价医疗器械的风险变化。

2018 年 8 月 16 日，国家中医药管理局、科学技术部印发《关于加强中医药健康服务科技创新的指导意见》，该意见指出：要加强对中医药健康服务理论研究、产品研发，服务模式与机制创新等方面指导，提出建立中医药健康服务科技创新体系，丰富中医药健康服务产品种类，拓宽服务领域，提升中医药健康服务能力与水平。

2018 年 8 月 24 日，国家监督管理局发布《关于药品信息化追溯体系建设的指导意见（征求意见稿）》，征求意见稿明确药品上市许可持有人（包括持有药品批准文号的药品生产企业）是药品追溯体系建设的责任主体；允许多种编码并存，企业可自主选择；监管部门负责监督指导，同时推进追溯信息的互联互通。

2018 年 8 月 31 日，国家市场监督管理总局和国家卫生健康委员会联合发布《医疗器械不良事件监测和再评价管理办法》。该管理办法明确提出，医疗器械注册证书和医疗器械备案凭证持有人负有主体责任，境内销售的进口医疗器械的由境外持有人指定的代理人承担监测和再评价义务。

2018 年 9 月 13 日，千呼万唤的互联网诊疗、互联网医院、远程医疗专项规范终于有标准了。《互联网诊疗管理办法（试行）》《互联网医院管理办法（试行）》《远程医疗服务管理规范（试行）》由国家卫生健康委员会和国家中医药管理局联合印发，分别对互联网诊疗服务、互联网医院的设置、远程医疗的服务进行了相应的规范和要求。

2018 年 9 月 13 日，国家卫生健康委员会发布《关于印发国家健康医疗大数据标准、安全和服务管理办法（试行）的通知》该通知提出，责任单位应当加强健康医疗大数据的使用和服务，创造条件规范使用健康医疗大数据，推动部分健康医疗大数据在线查询。

五、新一代信息技术产业的相关政策

新一代信息技术已经成为当今世界创新最活跃、渗透性最强、影响力最深的产业，正在全球范围内引发新一轮的科技革命。现阶段我国新一代信息技术进入高速增长阶段，尤其是已然成为数字科技的应用大国。这得益于我国将新一代信息技术的发展上升为国家战略，相继出台了多项政策支持其发展。

2018 年 1 月 15 日，工业和信息化部出台《国家智能制造标准体系建设指南（2018 年版）》（征求意见稿）。该指南指出：到 2018 年，累积制定修订 150 项以上智能制造标准、基本覆盖基础共性标准和关键技术标准。到 2019 年，累积制定修订 300 项以上智能制造标准、全面覆盖基础共性标准和关键技术标准，逐步建立起较为完善的智能制造标准体系。建设智能制造标准试验验证平台，提升公共服务能力，标准应用水平和国际化水平明显提升。2018 年 10 月 15 日，工业和信息化部和国家标准委员会正式联合印发《国家智能制造标准体系建设指南（2018 年版）》。该指南是在工业和信息化部、国家标准委员会联合发布的《国家智能制造标准体系建设指南（2015 年版）》基础上修订完成的。该指南进一步加强了标准体系构成要素及相互关系的说明，着重体现了新技术在智能制造领域的应用，突出强化了标准实验验证、行业应用与实施，为智能制造产业健康有序发展起到指导、规范、引领和保障作用。

2018 年 1 月 18 日，中国电子技术标准化研究院发布《人工智能标椎化白皮书（2018 版）》。该白皮书通过梳理人工智能技术、应用和产业演进情况，分析人工智能的技术热点、行业动态和未来趋势，从支撑人工智能产业整体发展的角度出发，研究制定了能够适应和引导人工智能产业发展的标准体系，进而提出近期急需研制的基础和关键标准项目，呼吁社会各界共同加强人工智能领域的技术研究、产业投入、标准建设与服务应用，共同推动人工智能及其产业发展。

2018 年 4 月 13 日，工业和信息化部、公安部、交通运输部联合发布《智能网联汽车道路测试管理规范（试行）》。为确保道路测试交通安全，有关地方和企业应当循序渐进、有序推进测试工作，必须在符合相关法律、规范和标准要求的情况下开展工作。该管理规范就测试主体、测试车辆、测试驾驶人及测试期间的管理提出了明确要求。

2018 年 4 月 24 日，国家发展和改革委员会和财政部联合发布《无线电频率占用费标准等有关问题的通知》。该通知有四点重要内容：一是 5G 公众移动通信系统频率占用费标准实行"头三年减免，后三年逐步到位"的优惠政策；二是降低 3000 兆赫以上公众移动通信系统的频率占用费标准；三是调整 Ka 频段高通量卫星系统频率占用费收费方式，由原来规定的分别向卫星转发器运营商和网内终端用户收取频率占用费，改为根据卫星系统业务频率实际占用带宽，按照 500 元/兆赫/年向卫星业务运营商收取，不再收取网内终端用户地球站和卫星业务运营商关口站频率占用费；四是对列入国家重要专项，开展空间科学研究的卫星系统的频率占用费要实行 50% 的减缴政策。

2018 年 5 与 17 日，工业和信息化部公布《工业互联网 App 培育工程实施方案（2018—2020 年）》。该方案表示：到 2020 年，培育 30 万个面向特定行业、特定场景的工业 App，全面覆盖开发设计、生产制造、运营维护和经营管理等制造业关键业务环节的重点需求。突破一批工业技术软件化共性关键技术，构建工业 App 标准体系，培育出一批具有重要支撑意义的高价值、高质量工业 App，形成一批具有国际竞争力的工业 App 企业。

2018 年 6 月 7 日，工业和信息化部发布《工业互联网专项工作组 2018 年工作计划》。该计划提出：2020 年年底我国将实现"初步建成工业互联网基础设施和产业体系"的发展目标，包括建成 5 个左右标识解析国家顶级节点、遴选 10 个左右跨行业跨领域平台、推动 30 万家以上工业企业上云、培育超过 30 万个工业 App 等内容。

2018 年 6 月 11 日，工业和信息化部为促进我国第五代公众移动通信（5G）持续健康发展，发布《车联网（智能网联汽车）直连通信使用 5905～5925MHz 频段的管理规定（征求意见稿）》，协调解决中频段 5G 系统移动通信基站与其他无线电台（站）的电磁兼容共存问题。2018 年 10 月 21 日，《车联网（智能网联汽车）直连通信使用 5905～5925MHz 频段的管理规定》正式发布，规定 5905～5925MHz 频段作为基于 LTE-V2X 技术的车联网直连通信的工作频段，与国际主流频段保持一致，为未来发展预留扩展的可行性。今后，我国智能互联汽车将有望以此作为专属无线电通信工作频段。

2018 年 6 月 15 日，工业和信息化部与国家标准委员会联合发布《国家车联网产业标准体系建设指南（电子产品和服务）》《国家车联网产业标准体系建设指南（信息通信）》《国家车联网产业标准体系建设指南（总体要求）》三个文件。文件提出，针对车联网"十三五"发展需要，加快共性基础标准制定，加紧研制自动驾驶及辅助驾驶相关标准、车载电子产品关键技术标准、无线通信关键技术标准、面向车联网产业应用的 5G eV2X 关键技术标准制定，满足产业发展需求。到 2020 年，基本建成国家车联网产业标准体系。

2018 年 7 月 19 日，工业和信息化部发布《工业互联网平台建设及推广指南》，提出到 2020 年，培育 10 家左右的跨行业跨领域工业互联网平台和一批面向特定行业、特定区域的企业级工业互联网平台，工业 App 大规模开发应用体系基本形成，重点工业设备上云取得重大突破，遴选一批工业互联网试点示范（平台方向）项目，建成平台试验测试和公共服务体系，工业互联网平台生态初步形成。

2018 年 8 月 10 日，工业和信息化部和国家发展和改革委员会联合印发的《扩大和升级信息消费三年行动计划（2018—2020 年）》指出，到 2020 年，信息消费规模达到 6 万亿元，年均增长 11% 以上，信息技术在消费领域的带动作用显著增强，拉动相关领域产出达到 15 万亿元，到 2020 年 98% 行政村实现光纤通达和 4G 网络覆盖，加快补齐发展短板，释放网络提速降费红利，推进光纤宽带和 4G 网络深度覆盖，加快 5G 标准研究、技术试验，推进 5G 规模组网建设及应用示范工程，确保启动 5G 商用等。

2018 年 8 月 13 日，工业和信息化部发布《推动企业上云实施指南（2018—2020 年）》。工业和信息化部统筹协调企业上云工作，组织制定完善企业上云效果评价等相关标准，指导各地工业和信息化主管部门、第三方机构等协同开展工作。各地工业和信息化主管部门要结合本地实际，以强化云计算平台服务和运营能力为基础，以加快推动重点行业领域企业上云为着力点，以完善支撑配套服务为保障，制定工作方案和推进措施，组织开展宣传培训，推动云平台服务商和行业企业加强供需对接，有序推进企业上云进程。

2018 年 11 月 14 日，工业和信息化部和国家国防科技工业局联合发布的《车联网（智能网联汽车）直连通信段管理规定（暂行）》中提出：到 2020 年，基本形成开放包容、互联互通、成果共享的"一带一路"标准化合作新局面，中国标准与国际标准和各国标准体系兼容水平不断提高，中国标准品牌效应明显提升。与"一带一路"沿线国家共同制定国际标准 80 项以上，成体系部署标准外文版研制计划 400 项以上；标准互认领域不断扩大，形成一批互认标准；一批先进中国标准在"一带一路"建设中得到应用；与"一带一路"沿线重点国家的标准体系对接合作机制基本建立。

2018 年 11 月 15 日，工业和信息化部、国家国防科技工业局联合印发《新一代人工智能产业创新重点任务揭榜工作方案》。该方案聚焦"培育智能产品、突破核心基础、深化发展智能制造、构建支撑体系"等重点方向，征集并遴选一批掌握关键核心技术、具备较强创新能力的单位集中攻关，重点突破一批技术先进、性能优秀、应用效果好的人工智能标志性产品、平台和服务，为产业界创新发展树立标杆和方向，培育我国人工智能产业创新发展的主力军。

2018 年 12 月 7 日，工业和信息化部和国家国防科技工业局发布《军用技术转民用推广目录（2018 年度）》，该目录围绕先进材料、智能制造、高端装备、新一代信息技术、新能源与环保、应急救援及公共安全六个技术领域，征集遴选出 150 项"军转民"技术成果。

2018 年 12 月 26 日，国家发展和改革委员会发布《智能机器人关键技术产业化实施方案》。该方案提出：提升关键共性技术集成创新能力，整合行业协会、产业链骨干企业、相关科研院所的资源和优势，重点开发具有基础性、关联性、系统性、开放性的关键共性技术，组建上下游紧密协作、利益共享的机器人集成创新平台，破除制约行业高端化发展的重大技术瓶颈。

2018 年 12 月 28 日，工业和信息化部与国家国防科技工业局联合印发《车联网（智能网联汽车）产业发展行动计划》。该计划提出：要充分发挥政策引领作用，分阶段实现车联网（智能网联汽车）产业高质量发展的目标。第一阶段，到 2020 年，将实现车联网（智能网联汽车）产业跨行业融合取得突破，具备高级别自动驾驶功能的智能网联汽车实现特定场景规模应用，车联网用户渗透率达到 30%以上，智能道路基础设施水平明显提升。第二阶段，2020 年后，技术创新、标准体系、基础设施、应用服务和安全保障体系将全面建成，高级别自动驾驶功能的智能网联汽车和 5G-V2X 逐步实现规模化商业应用，"人、车、路、云"实现高度协同，人民群众日益增长的美化生活需求得到更好满足。

六、高端装备制造业的相关政策

2018 年 1 月 5 日，工业和信息化部、国家发展和改革委员会、科学技术部等八部门联合印发《海洋工程装备制造业持续健康发展行动计划（2017—2020 年）》。该计划提出：到 2020 年，我国海洋工程装备制造业国际竞争力和持续发展能力明显提升，产业体系进一步完善，专用化、系列化、信息化、智能化程度不断加强，产品结构迈向中高端，力争步入海洋工程装备总装制造先进国家行列。

2018 年 4 月 10 日，财政部、工业和信息化部、中国证券监督管理委员会联合发布《关于开展首台（套）重大技术装备保险补偿机制试点工作的通知》，按照"政府引导、市场化运作"原则开展工作，工业和信息化部制定并适时修订《首台（套）重大技术装备推广应用指导目录》，保险公司为该目录内装备定制综合险，装备制造企业投保，中央财政适当补贴，装备使用方受益，旨在破解首台（套）重大技术装备市场初期应用瓶颈，降低用户使用风险。

2018 年 4 月 19 日，国家发展和改革委员会、科学技术部、工业和信息化部等部门联合发布《关于促进首台（套）重大技术装备示范应用的意见》。该意见指出：到 2020 年，重大技术装备研发创新体系、首台套检测评定体系、示范应用体系、政策支撑体系全面形成，保障机制基本建立；到 2025 年，重大技术装备综合实力基本达到国际先进水平，有效满足经济发展和国家安全的需要。

2018 年 6 月 8 日，国务院和商务部发布《关于积极有效利用外资推动经济高质量发展若干措施的通知》。该通知表示：持续推进服务业开放，取消或放宽交通运输、商贸物流、专业服务等领域外资准入限制；取消或放宽汽车、船舶、飞机等制造业领域外资准入限制。

2018 年 11 月 28 日，工业和信息化部、国家发展和改革委员会、财政部、国务院国有资产监督管理委员会联合印发《促进大中小企业融通发展三年行动计划》。该计划指出：构建大中小企业深度协同、融通发展的新型产业组织模式，提高供应链运行效率。发挥龙头骨干对供应链的引领带动作用，在智能制造、高端装备制造领域形成 10 个左右带动能力突出、资源整合水平高、特色鲜明的大企业。推动建立联合培训、标准共享的协同管理体系；打造多方共赢、可持续发展的供应体系，带动上下游中小企业协同发展。同时，以智能制造、工业强基、绿色制造、高端装备等为重点，在各地认定的"专精特新"中小企业中，培育主营业务突出、竞争能力强、成长性好、专注于细分市场、具有一定创新能力的专精特新"小巨人"企业，引导成长为制造业单项冠军。鼓励中小企业以专业化分工、服务外包、订单生产等方式与大企业建立稳定的合作关系。

2018 年 12 月 25 日，工业和信息化部印发《关于加快推进虚拟现实产业发展的指导意见》。该意见指出：推进虚拟现实技术在制造业研发设计、检测维护、操作培训、流程管理、营销展示等环节的应用，提升制造企业辅助设计能力和制造服务化水平。推进虚拟现实技术与制造业数据采集与分析系统的融合，实现生产现场数据的可视化管理，提高制造执行、过程控制的精确化程度，推动协同制造、远程协作等新型制造模式发展。构建工业大数据、工业互联网和虚拟现实相结合的智能服务平台，提升制造业融合创新能力。面向汽车、钢铁、高端装备制造等重点行业，推进虚拟现实技术在数字化车间和智能车间的应用。

七、新材料产业的相关政策

2018 年 12 月 26 日，工业和信息化部、中国银行保险监督管理委员会发布《关于开展 2018 年度重点新材料首批次应用保险补偿机制试点工作的通知》。该通知写道，生产《重点新材料首批次应用示范指导目录（2017 年版）》内新材料产品，且于 2017 年 12 月 1 日至 2018 年 12 月 25 日期间投保重点新材料首批次应用综合保险，或生产《重点新材料首批次应用示范指导目录（2018 年版）》内新材料产品，且于 2018 年 12 月 26 日至 2019 年 1 月 25 日前投保重点新材料首批次应用综合保险的企业，符合该通知关于首批次的相关要求，可提出保费补贴申请。

2018 年 12 月 26 日，工业和信息化部印发《重点新材料首批次应用示范指导目录（2018 年版）》。该目录中上榜材料共 166 种，应用领域包括船舶、航空航天、环保、新能源、医疗器材、新型显示等几十个行业，其中汽车新材料有 24 种，占比为 14%。

第二节　2018 年战略性新兴产业发展的基本情况

"十三五"以来，在我国经济增速放缓的大背景下，2018 年战略性新兴产业增速明显，围绕"创新、壮大、引领"三大核心，产业结构不断优化，产业投资不断升温，产业创新日渐成型，对支撑我国经济高质量发展起着新引擎作用。

一、产业发展增速明显

2018 年战略性新兴产业增速持续快于总体经济增速水平。战略性新兴产业增加值比 2017 年增长 8.9%。高技术制造业增加值增长 11.7%，占规模以上工业增加值的比重为 13.9%。装备制造业增加值增长 8.1%，占规模以上工业增加值的比重为 32.9%。2018 年全年规模以上服务业中，战略性新兴服务业营业收入比 2017 年增长 14.6%。2018 年全年高技术产业投资比上年增长 14.9%，工业技术改造投资增长 12.8%。2018 年全年新能源汽车产量 115 万辆，比 2017 年增长 66.2%；智能电视产量 11376 万台，增长 17.7%。2018 年全年网上零售额 90065 亿元，比上年增长 23.9%。

二、产业创新动能积聚壮大

2018 年上半年战略性新兴产业上市公司盈利表现依然良好，利润率为 9.3%，高于同期上市公司总体（剔除金融类）1.0 个百分点。"十三五"以来，战略性新兴产业企业成为全社会资金关注及投入重点。2018 年，工业战略性新兴产业增加值比上年增长 8.9%，增速快于全部规模以上工业 2.7 个百分点；战略性新兴服务业营业收入比 2017 年增长 14.6%，增速快于全部规模以上服务业 3.2 个百分点；新能源汽车、智能电视产量分别比 2017 年增长 66.2% 和 17.7%。新业态新模式蓬勃发展。全年实物商品网上零售额增长 25.4%，占社会消费品零售总额的比重达 18.4%，比 2017 年提高 3.4 个百分点。

三、产业结构不断优化

2018 年，受贸易环境的影响，新一代信息技术产业呈现先抑后扬的 V 字型增长，发展依然强劲。人工智能、机器人技术、虚拟现实及量子科技等蓬勃发展，深度改变着人类的生产和生活方式，引发经济社会的全方位变革。新能源汽车蓄势发力，尽管有着补贴退坡的不利因素，但在新能源车与燃油车双积分政策实施下，传统车企为降低传统燃油车油耗而大力发展新能源汽车，新能源汽车产销增长并未减速。2018 年 1—11 月，我国新能源汽车产量为 105.35 万辆，同比增长 63.63%；累计销量已经达到 102.98 万辆，同比增长 68%。高端装备制造产业发展质量提升、速度平稳。智能制造装备发展深度和广度日益提升，以新型传感器、智能控制系统、工业机器人、自动化成套生产线为代表的智能制造装备产业体系初步形成。

第三节　面临的问题与挑战

一、核心技术受制于人

战略性新兴产业的特征是新科技与新产业的融合，核心竞争力是掌握产业链中的关键技术。但我国目前大部分战略性新兴产业企业未能掌握核心技术，研发能力和创新能力仍然不够，使得部分企业徘徊在产业链的中低端。同时科技成果转化率也不高，阻碍了先进技术在全社会生产中的推广和应用，其效益没有得到应有的发挥。

战略性新兴产业发展依赖于高新技术创新，这需要多方面技术共生因素的相互作用和整个产业链的技术突破与联动发展。目前全国各地创新资源的整合能力仍然不够，技术共生创新体系还不完善。一是缺乏平台，缺乏为技术共生建立联系和通道；二是政策支撑不够，缺乏一些相关的标准和检测体系。

二、发展外部环境不容乐观

随着中美贸易摩擦持续升温，美国加大对我国高技术领域的封锁和打压，对中国企业在芯片、人工智能等新兴领域的并购行为，实施更为严格的安全审查，我国战略性新兴产业发展的外部环境持续恶化。美国政府限制中资企业对美国企业的并购，主要是防止我国企业通过并购或直接购买其先进技术实现赶超，限制我国战略性新兴产业发展，抑制中资企业借助全球资源推动技术创新，阻碍中方在创新过程中构建全球价值链。

三、产业所需人才储备不足

高素质的工程科技人才是发展战略性新兴产业的生力军。各地强力发挥政产学研的联合效应，以战略高新技术为目标，引进、培养战略性新兴产业的工程科技人才；围绕新兴产业发展重点领域，创新平台建设和重大项目实施，吸引和培育聚集一批高层次的创新创业人才，为引领战略新兴产业发展奠定基础。

部分高技术新兴产业行业人才缺乏表现尤为突出。如根据 2018 年腾讯研究院和 BOSS 直聘联合发布的《全球人工智能人才白皮书》，全球人工智能人才约 30 万人，而市场需求在百万量级。在人才结构方面，我国人工智能高端人才、中坚力量和基础人才之间的数量比例远没有达到最优，应用层人才居多，拥有实践能力的高级算法工程师、顶尖级研究人员极为稀缺。

展 望 篇

第十三章

2019 年及今后产业结构调整展望

第一节　企业兼并重组展望及政策建议

一、企业兼并重组展望

推进国企改革。2019 年政府工作报告提出，加快国资国企改革，积极稳妥推进混合所有制改革，依法处置"僵尸企业"，自然垄断行业要根据不同行业特点实行网运分开，将竞争性业务全面推向市场。

外商投资并购。2019 年 3 月 15 日通过的《外商投资法》，确立了新时期中国外商投资法律制度的基本框架。2019 年政府工作报告提出，加大吸引外资力度，允许更多领域实行外资独资经营。李克强总理在博鳌亚洲论坛 2019 年年会开幕式上的主旨演讲中提出，完善有利于外国投资者对上市公司战略投资、并购境内企业的相关规定。推进债券市场对外开放，出台相关政策，为境外投资者投资和交易中国债券创造更便利的条件。

二、政策建议

提升工业和通信业企业国际竞争力。国家应以工业和通信业世界 500 强企业、国有及国有控股工业企业为骨干，聚焦工业和通信业重点领域和国际战略必争领域，以提升国际竞争力为目标，加强重点领域全产业链布局和规模化、集群化、高端化发展，培育具有较强国际竞争力的本土跨国企业和专精特新中小企业，促进大中小企业融通发展，打造世界级产业集群，形成国有骨干企业领军、跨国公司骨干、中小企业配套协调发展的世界级跨国工业体系。

积极稳妥应对国际并购审查。国家应积极发起或参与国际投资贸易规则谈判，推动成立投资争端解决机构，加快双边投资协定谈判进程，为企业争取投资前国民待遇。企业应发挥主体作用，投资并购过程中全面统筹考虑国外安全审查制度、要求及相关因素，正确评估安全审查、反垄断审查及其他特殊审查对交易的可能影响，加强与当地投资审查机构沟通交流，积极争取当地政府、企业、公众和舆论对投资并购的理解和支持。充分发挥投资促进机构的作用，加快海外投资促进机构建设步伐，优化驻外代表处全球布局，及时了解和掌握各国投资并购审查的相关信息，为中国企业提供跨国并购信息和预警服务。

着力提高企业资源配置效率。国家应围绕资源配置政策改革创新，以提升企业资源配置效率为核心，转变资源配置方式，创新资源配置机制。抓住政府职能转变和加快"放、管、服"改革机遇，从广度和深度上继续全方位推进企业市场化改革，更多引入市场化机制和市场化手段，发挥市场在资源配置中的决定性作用，大幅度减少政府对资源的直接配置，多策并举提高企业资源配置效率和效益。

第二节　产业技术升级展望及政策建议

一、产业技术升级的主要趋势

（一）进一步推动新一代信息技术与制造技术深度融合

一是加强两化深度融合统筹协调和顶层设计。国家应完善两化融合管理体系工作领导小组、专家指导委员会和联合工作组的工作机制，优化完善两化融合生态系统，统一各界对两化深度融合内涵外延的共识，形成融合发展合力。

二是加快工业云服务平台建设及示范应用，促进生产制造全过程、全产业链、产品全生命周期的优化管理。国家应加快工业大数据平台建设及示范应用，加快工业互联网平台建设及示范应用，制定中国工业互联网相关标准。

三是优化两化深度融合发展政策与环境。国家应加快制定实施互联网、大数据、人工智能与制造业融合发展规划，加大对融合发展重点领域的支持力度，支持高校设置两化融合相关专业，完善适应融合发展需求的人才激励机制。

（二）坚持创新驱动发展，推动制造业高质量发展

一是继续做好制造业创新中心建设工作。其主要包括：进一步完善创新中

心的工作机制，加大对创新中心的财税支持力度，加强对已建设创新中心的考核评估；聚焦战略关键领域，推进省级中心升级，培育遴选若干家国家创新中心；创新中心要坚持行业重点领域关键共性技术的研发定位，加大研发力度，不断提升成果转化能力，为制造业高质量发展提供创新支撑。

二是做好工业质量品牌建设工作。其具体包括：推广先进质量管理方法，促进实物质量提升，深化工业品牌培育，推动重点产业质量品牌提升，加强中小企业质量品牌建设。

三是继续强化制造业知识产权创造、保护、运用，构建完善制造业知识产权协同推进体系，组织实施产业知识产权协同运用推进行动和行业知识产权服务能力提升行动，按计划开展工业企业知识产权标杆遴选。

二、政策措施建议

（一）进一步推动工业通信业领域产业政策转型

政府推进产业政策向普惠化、功能性转变，逐步建立以功能性产业政策为主、选择性产业政策为辅的产业政策框架体系。

一是在产业政策工具的选择上，逐步由货币化的奖励政策转为非货币化的调节政策，通过市场化、法制化等方式，将激励机制和约束机制相结合。

二是建立健全以负面清单管理为主的行业管理模式，重点在产业结构调整、放开一般制造业、行业准入等领域，实行以负面清单代替准入审批为主的产业政策。

三是建立健全产业政策评估机制，重点对产业政策执行及实施效果进行第三方评估，对评估效果不好的政策建立适时退出机制。

（二）构建普惠性技术创新支持政策体系

一是优化产业技术政策引导方向，加强对新一代信息技术与制造业加速融合发展规律的把握，重点引导制造业向智能化、高端化、绿色化方向发展。

二是优化产业技术政策的供给与作用方式，创新资金使用方式，积极运用先进制造产业投资基金、京津冀产业协同发展投资基金等产业投资基金，扶植创新发展的骨干企业和产业联盟，推进重点领域关键技术产业化项目。围绕产业链部署创新链，围绕创新链制定相关政策，重点在研发加计扣除、知识产权保护、创新产品应用等供给端方面发力，逐步转变对产业的直接补贴政策为供给侧的研发激励政策。

三是优化产业技术政策作用工具，加强对前沿基础研究、关键共性技术、应用创新研究等方面政策的支持，重点通过税收减免等政策鼓励企业增加研发投入，提高研发投入占销售收入的比重。

四是建立有利于技术创新的金融支持体系。打通和拓宽直接融资渠道，支持专业化风险投资、天使投资、创业投资、股权投资机构发展，强化多层次资本市场对创新的支持。创新间接融资服务方式，鼓励互联网与银行、证券、保险、基金的融合创新，更好满足实体经济不同层次企业技术创新的融资需求。

（三）完善公平竞争的市场环境，进一步加强人才培育和国际交流合作

一是营造公平开放的市场环境，加强知识产权保护，建设规范的知识产权市场，通过税收减免、财政资金奖励政策支持市场化的创新机构发展。

二是加大人才培养和引进力度，建立健全多层次的创新型人才培养体系。支持校企联合开展定制式人才培养，鼓励企业加大职工培训力度，支持高端人才引进政策，加快培育一批具有创造性的中青年科技人才，特别要培养重大技术研发和系统设计的领军带头人才。对技术发明人员探索实施知识产权许可补偿、股权激励，大力营造宽容失败、鼓励创新的文化环境和氛围。

三是充分创造和利用开放共赢的国际合作环境，支持龙头企业与产业组织机构开展产学研国际合作，积极参与国际重大项目合作开发，探索专利互换、标准互换、联合开发等多层次合作与交流。

第三节　化解产能过剩矛盾和淘汰落后产能展望及政策建议

一、化解产能过剩矛盾和淘汰落后产能的主要趋势

（一）狠抓重点行业化解产能过剩矛盾和淘汰落后产能

2019年4月，国家发展和改革委员会、工业和信息化部、国家能源局三部委联合印发《关于做好2019年重点领域化解过剩产能工作的通知》（发改运行〔2019〕785号）文件，针对钢铁、煤炭和煤电三大重点行业化解过剩产能和淘汰落后产能工作作出明确安排部署。要坚持推动高质量发展，在"巩固、增强、提升、畅通"上下功夫，全面转入结构性去产能、系统性优产能新阶段，着力增强去产能工作的系统性、整体性、协同性。坚持市场化、法治化原则，对国有企业和民营企业一视同仁，严格能耗、环保、质量、安全和技术等方面

的约束，努力实现科学精准、稳妥有序去产能，促进行业高质量发展。做好"僵尸企业"处置工作，坚持市场化、法治化原则，对已经确认的"僵尸企业"，要按照上报的"僵尸企业"处置计划坚决处置到位。加强"僵尸企业"排查和动态监管，及时发现并妥善处置新出现的"僵尸企业"，确保"僵尸企业"应退尽退。

（二）利用综合标准体系加速推进化解过剩产能和淘汰落后产能

从 2017 年工业和信息化部、国家发展和改革委员会、财政部、人力资源和社会保障部等十六部门联合发布《关于利用综合标准依法依规推动落后产能退出的指导意见》（工信部联产业〔2017〕30 号）和 2018 年工业和信息化部印发《产业发展与转移指导目录（2018 年本）》来看，在化解产能过剩矛盾和淘汰落后产能工作上，各部门进一步强调贯彻落实环境保护法、节约能源法、安全生产法、产品质量法等法律法规要求，坚持依法依规淘汰落后产能，在推进落后产能和过剩产能退出市场的过程中，强化法律法规的约束性，通过加大节能、环保、质量、安全等多方面执法检查力度，强制按照能耗、环保、安全、质量等标准淘汰落后产能和过剩产能，依法依规推进落后产能退出市场。特别是建立健全完善信息公开制度，联合地方政府各部门定期发布在能耗、质量、环保、安全、技术等方面不合标准的企业，督促其整改或者退出市场。总体来讲，2019 年相关部门将进一步完善综合标准体系，严格常态化执法和强制性标准实施，促使能耗、质量、环保、安全、技术达不到标准和生产不合格产品或淘汰类产能，依法依规关停淘汰，形成多标准、多部门、多渠道协同推进工作格局，建立市场化、法治化、常态化的工作推进机制。[①]

（三）各部门协作形成合力推进化解过剩产能矛盾和淘汰落后产能工作

自 2010 年起，党中央和国务院不断推进关于进一步加强淘汰落后产能和化解过剩产能矛盾工作部署，各部门协作机制逐步建立和完善。当下各部门协作机制将充分发挥效用，加速过剩产能和落后产能的退出。特别是近两年针对钢铁、煤炭等重点行业，国家发展和改革委员会、工业和信息化部、国家能源

---

① 《关于利用综合标准依法依规推动落后产能退出的指导意见》解读材料，工业和信息化部产业政策司，2017 年 3 月 9 日。

局、国土资源部、生态环境部、人力资源社会保障部、财政部、民政部、国资委、中国银监会等众多部门积极响应，协同合作形成合力，针对化解产能过剩过程中将面临的人员安置、债权债务、工业用地等问题，提出了相应的对策建议。2019 年，一方面要努力做好化解产能过剩矛盾和淘汰落后产能工作，实现年度去产能目标。另一方面要继续将职工安置作为重中之重，夯实责任，强化协调，精准施策，防范风险，确保职工有安置、社会可承受、民生有保障。完善突发事件预防和应急处置机制，制定完善稳就业储备性政策工具，妥善化解矛盾和风险。加快推进资产债务处置，落实去产能企业国有资产处置办法，推动国有资产依法处置取得实质性进展。落实《关于进一步做好"僵尸企业"及去产能企业债务处置工作的通知》（发改财金〔2018〕1756 号），积极推进去产能行业债务处置。区分不同情形，分别采取破产清算、破产重整、债务重组、兼并重组等方式，自主协商形成处置方案，依法公平合理分担处置成本。加快去产能企业剩余矿产资源处置，做好资源价款返还、生态环境修复、采矿许可证注销等相关工作。[①]

二、政策措施建议

（一）综合运用多种手段，加快去产能工作方式转变

国家结合去产能工作政策体系，明确了"十三五"期间淘汰落后产能工作的总体要求、主要任务、政策措施和部门职责，深化要素市场化配置改革，大力破除无效供给，把处置"僵尸企业"作为重要抓手，推动化解过剩产能。政府逐步实现工作方式由主要依靠行政手段，向综合运用法律法规、经济手段和必要的行政手段转变。进一步实现界定标准由主要依靠装备规模、工艺技术标准，向能耗、环保、质量、安全、技术等综合标准转变。重点建立市场化、法治化、常态化的工作推进机制，构建多部门按职责协同推进工作机制和落后产能法治化、市场化退出长效机制。[②]以煤炭行业为例，政府要坚持先立后破原则，结合煤炭供需形势和资源运力情况，有序分类处置 30 万吨/年以下（不含 30 万吨/年，下同）煤矿，严格安全、环保、能耗、水耗等方面的执法，关闭一

---

① 《关于做好 2019 年重点领域化解过剩产能工作的通知》（发改运行〔2019〕785 号），国家发展和改革委员会，2019 年 4 月 30 日。

② 《产业司许科敏：加快优化调整 奋力开创产业政策工作新局面》，工业和信息化部《2018 年全国工业和信息化工作会议专题报道》，2017 年 12 月 25 日。

批、实施产能置换退出一批、通过改造升级提升一批，逐矿制定分类处置方案，明确完成时限。2019 年基本退出以下煤矿：晋陕蒙宁等 4 个地区 30 万吨/年以下、冀辽吉黑苏皖鲁豫甘青新等 11 个地区 15 万吨/年以下（不含 15 万吨/年）、其他地区 9 万吨/年及以下的煤矿；长期停产停建的 30 万吨/年以下"僵尸企业"煤矿；30 万吨/年以下冲击地压、煤与瓦斯突出等灾害严重煤矿。属于满足林区、边远山区居民生活用煤需要或承担特殊供应任务且符合能耗、质量、环保、安全、技术等标准的煤矿，经省级人民政府批准，可以暂时保留或推迟退出。[①]

（二）严格依法依规淘汰落后产能，巩固去产能工作成果

2017 年以来，国家化解过剩产能矛盾和淘汰落后产能相关政策从能耗、质量、环保、安全、技术五个方面提出了明确的任务要求，具体是：严格执行节约能源法、产品质量法、环境保护法、安全生产法等法律法规，对能源消耗、污染物排放、产品质量、安全生产条件达不到相关法律法规和标准要求的产能，由地方相关部门根据职责依法提出限期整改的要求，对经整改仍不达标或不符合法律法规要求的，报经有批准权的人民政府批准或直接依据有关法律法规规定，予以关停、停业、关闭或取缔。对工艺技术装备不符合有关产业政策规定的产能，由地方有关部门督促企业按要求淘汰。另外，在约束机制上突出信用惩戒。对未按期完成落后产能退出的企业，将有关信息纳入全国信用信息共享平台，在"信用中国"网站等平台公布，并在土地供应、资金支持、税收管理、生产许可、安全许可、债券发行、融资授信、政府采购、公共工程建设项目投标等方面，依法依规实施联合惩戒和信用约束。[②]

（三）深入推动兼并重组、优化布局和转型升级

各地充分发挥《产业发展与转移指导目录（2018 年本）》引导作用，推动党中央、国务院关于高质量发展和区域协调发展的决策部署，推动企业兼并重组和上下游融合发展，在钢铁、煤炭、电力行业培育一批具有较强国际竞争力

---

① 《2019 年煤炭化解过剩产能工作要点》，国家发展和改革委员会、工业和信息化部、国家能源局，2019 年 4 月 30 日。

② 《关于利用综合标准依法依规推动落后产能退出的指导意见》解读材料，工业和信息化部产业政策司，2017 年 3 月 9 日。

的大型企业集团。充分利用产能置换指标交易等市场化手段，优化生产要素配置，引导先进产能向优势企业集中。着力解决重点区域钢铁产能布局不合理问题，深入推进煤炭清洁开发、清洁生产、清洁运输、清洁利用，统筹做好燃煤电厂超低排放和节能改造，促进钢铁、煤炭、电力行业高质量发展。促进煤钢传统产业与新经济、新产业、新业态协同发展，形成新的经济增长点，推动产业转型升级。鼓励民营企业参与国有企业改革，实现各种所有制资本相互促进、共同发展。

第四节　产业转移趋势展望及政策建议

一、产业转移的主要趋势

（一）进一步提升国内外产业合作园区等载体服务功能

党的十九大以来，工业和信息化部发布的《产业转移目录和指南》指出了我国产业转移的具体方向。各地区积极进行体制机制和模式创新，破除产业转移障碍，推进各地区共赢发展。近年内出现了跨省或跨地区的合作产业园区，如东部省份到西部省份建立合作产业园区。以当地或者两地区的产业基础，构建自己的产业园区。

一是需要健全和完善园区各方面配套设施，提升产业园区的服务功能，增加本地产业园区的吸引力。

二是积极协助有意向转移的企业，引入上下游的配套企业，完善和延长产业链条。"一带一路"大背景下，两国之间，特别是发展中国家之间，建立产业合作园区，实现共赢，已经成为具有有竞争力的国际产业转移模式，合作领域趋于多元化。境外园区主要涉及农业、矿业、机械、轻纺、节能环保、信息处理、生物制药、商贸物流等产业领域，主导企业都是我国实力雄厚、管理水平高、技术设施完备的大型企业，园区分布主要集中于中亚、东欧等发展中国家和地区。①这些园区成为中国企业"抱团"走向"一带一路"、打造产业集群式"走出去"的平台。如，中国沙特（吉赞）产业园、中国阿曼（杜库姆）

① 王晓娟，2018 年丝绸之路经济带建设形势分析与展望，《丝绸之路蓝皮书：丝绸之路经济带发展报告 2019》社会科学文献出版社，2019 年 1 月 1 日，1～22 页。

产业园、中国埃及·曼凯纺织产业园、中国阿联酋（迪拜）食品工业园、陕韩中小企业园、中哈现代农业示范园、中俄丝路创新园、中哈苹果友谊园等国际合作产业园。

（二）以城市群现有优势基础产业进行产业结构调整

在我国东、中、西、东北区域产业发展格局下，需要进一步根据自身比较优势发展产业。2018 年，国家发展和改革委员会印发了多个"城市群发展规划"，工业和信息化部颁布《产业发展与转移指导目录（2018 年本）》等政策文件，就是为了协调区域发展平衡，进行产业结构调整和优化产业布局，不再以单独的地区来看待经济和产业，而是从相近或者相似的产业集聚区出发，以市场为主导，进行资源优化配置，从而使城市之间具有相似性的产业共同发展，实现产业升级转型。京津冀、长江经济带、粤港澳大湾区将成为产业转移合作的集中地区，有望打造世界级城市群和国际一流湾区。

（三）"一带一路"倡议为国际产业转移提供新路径

当前世界经济复苏缓慢，世界各国都避开 WTO 规则，制定了许多抑制自由贸易的政策壁垒，约束了国际产业转移。同时，发达国家都在积极呼吁制造业回流，提振本国制造业，这种情况减缓了跨国公司产业转移的速度。在全球经济复苏乏力、贸易保护主义抬头的背景下，"一带一路"倡议提出了全球治理的新方案。从近几年的"一带一路"国际合作实践看，该倡议的不断落实为全球经济复苏和区域经济合作注入了新动力，为国际产业转移提出了新的合作空间和路径。跨国公司区域总部和研发中心主要建立在经济、教育和科技发达的城市，例如上海、孟买等，对技术与服务转移都有了更高的要求，对知识产权的保护更加明显。在沿线国家和地区交流与合作中推行合作共赢理念，求同存异，加快建立人类命运共同体，合作开展打击宗教极端组织和恐怖势力，共同维护地区政治、经济局势的稳定，为进一步深化产业合作、促进共同繁荣和发展保驾护航。①

---

① 郭普松，2018 年丝绸之路经济带产业合作发展报告，《丝绸之路蓝皮书：丝绸之路经济带发展报告 2019》社会科学文献出版社，2019 年 1 月 1 日，34～44 页。

二、政策措施建议

（一）打造世界级先进制造业产业集群

党的十九大报告指出，未来要打造若干世界级的先进制造业产业集群。各地承接国内外产业转移时，要关注项目质量和加强高端产业的集群承接和培育。根据工业和信息化部产业转移指南，以各地区产业园区为抓手，以发展各地区的主导产业为主，引入国内外龙头核心企业和培育当地核心企业，引入外地和壮大本地主导产业发展所需要的上中下游企业，逐渐形成产业集群。以国家发展和改革委员会提出的城市群发展规划为方向，不局限于当地一个地区和城市（县、区），围绕产业较为发达的城市或者以附近相邻的几个中小城市实现互补发展，有的城市发展上游企业，有的城市发展下游企业，根据地方特色，需要地方政府协调和破除城市间发展壁垒，进而从完整的产业链过度到产业集群。

（二）构建地方特色产业生态系统，推进中外产业园区合作

对于我国任何一个地区来讲，最终产业要实现绿色发展，实现可持续发展，构建地方特色产业生态系统。政府鼓励企业主动寻找同行的企业，大力开展合作，建立产业合作联盟，形成链式集聚效应，向产业链条高端延伸。从某个主导产业单个或几个企业发展到完整的行业产业链，从一个行业的产业链发展到几个行业的产业链，从几个行业的产业链向产业集群发展。在打造产业集群的同时，逐渐配套生活性服务业，完善信息网络和基础设施，使得地方产业得到可持续性的良性发展。同时对标国内外发达地区产业发展模式，在合作共赢前提下，逐步完善中外合作产业园区功能，提高园区竞争力。

（三）东、中、西和东北增强区域协调，向高质量方向发展

各地积极落实国家区域战略和产业政策，积极出台产业负面清单，根据自身的基础和特色，选择承接产业和落地企业。东部地区：要率先实现产业转型升级，起到引领作用，积极承接国际高端产业转移，推动传统产业向中西部地区转移；要依托雄厚的产业基础和相对完善的市场机制，建设有世界影响力的先进制造业基地和全国科技创新与技术研发基地，成为我国先进制造业的先行区、参与经济全球化的主体区。中部地区：要加快承接东部地区的产业转移，努力建设全国重要能源原材料基地、现代装备制造和高技术产业基地，打造全

国重要先进制造业中心。西部地区：既是产业转移的重要承载区，也是重点生态保护地区，要大力实施优势资源转化战略，加快沿边地区开发开放，因地制宜地建设国家重要的能源化工、资源精深加工、新材料和绿色食品基地及区域性的高技术产业和先进制造业基地。东北地区：要积极进行传统优势产业升级，完善现代产业体系，建成与东北亚地区合作的中心枢纽，打造具有国际竞争力的装备制造业基地、国家新型原材料基地、重要的技术研发与创新基地。

第五节　服务型制造发展趋势展望及政策建议

一、趋势展望

（一）产业结构进一步优化，"制造+服务"模式更加明显

制造业不断转型升级，相应的服务业也应朝着高端、全面、精细的方向发展。随着科技进步和生产水平的进一步提升，制造与服务的协同能力不断增加，最终将趋于与当下生产力水平相适应的比例结构，这意味着我国产业结构将进一步优化。随着工业化进程的深入推进，制造与服务相融合已成为大势所趋。这种融合不断催生新模式、新业态。一方面，服务业向制造业深入渗透。另一方面，制造业不断向服务经济转型在工业品的附加值中，制造加工环节占比越来越低，而研发设计占比越来越高，使许多制造企业靠服务实现价值提升。

（二）智能制造与产业融合日益紧密

智能制造依靠数据、软件等核心要素投入，以工业互联网为支撑、以电子商务为平台促进了信息与实体的融合，加快了信息技术对传统产业的改造，进一步推动了制造业与服务业的融合。三次产业界限日益模糊，三次产业在融合发展中逐步实现转型升级，形成具有更高生产率的现代产业体系。

（三）"产品+"慢慢成为主流趋势，制造类企业向价值链高端进发

发展"产品＋售后服务""产品＋增值服务""技术营销服务＋产品""全生命周期服务＋产品"等模式。近年来，通过掌控"微笑曲线"中高端研发和现代营销的"两端"笑傲市场，引领服务型制造业市场新需求。增加服务要素在投入和产出中的比重，实现企业自身向价值链的中高端迈进。围绕制造

产品开展服务设计的过程中实现企业自身价值。随着服务型制造的不断发展，社会经济将会呈现出大中型企业引领、小微企业辅助支撑甚至在某些领域取得突破的协同局面。

二、政策措施建议

（一）加强政府引导，出台服务型制造指导意见

《发展服务型制造专项行动指南（2016—2018）》指出，将服务型制造与打造战略性新兴产业相结合，以产业技术创新为引领、智能制造和服务型制造为两翼，集中整合资源，完善协调推进机制，促进智能制造与服务型制造协同发展。落实各项财税政策，加大财政力度支持，拓宽融资渠道，鼓励金融机构开发适应服务型制造需要的产品和服务，最大限度地解决企业发展服务型制造资金紧缺问题。

（二）优化服务型制造发展环境

一是加大宣传推广，各级政府部门或机构通过形式多样的主题论坛、专家讨论、宣传会议、企业座谈等活动加大对服务型制造概念、理念和绩效的宣传推广；二是积极举办服务型制造培训班，与专业培训机构加强合作，通过专家讲解、案例分析、现场观摩等形式进一步提高对服务型制造的认识；三是推广"校企合作""产教融合"等模式，加大服务型制造人才的培养力度，提高相关人才技能。同时，发挥行业协会枢纽作用，积极推进产业协同，及时反映困难、问题和障碍，为政企双方提供重要信息和第一手材料。

（三）强化服务型制造发展的支撑保障

一是加强财税金融支持，重点加大对服务型制造关键共性技术、基础数据库和公共服务平台的支持；引导银行等金融机构创新产品和服务，大力发展供应链金融、项目融资担保服务，缓解企业转型的资金压力。

二是拓宽人才引进渠道，加大服务型制造人才培养和培训力度，建设"经营管理人才"+"专业技术人才"+"技能人才"的人才培养体系，着重培养高端化、复合型人才。

三是加强服务型制造相关技术标准和服务标准建设，建立健全服务型制造相关统计调查制度，促进服务型制造健康、高质量规范发展。

（四）提升企业自身业务水平

一是骨干企业应适时将服务部门市场化。行业领军企业和骨干企业适时将服务部门独立化和市场化，从制造和产品部门中分离，对内外提供服务，并逐步打造为公共服务的平台。这样既可以满足自己的生产需求还可以在服务管理过剩的情况下对外出售，充分利用市场服务机会，有效推进服务化变革。

二是以服务型制造文化促进企业整体变革。服务型制造绝不仅仅是售后服务和订单生产，而是一种全新的商业模式与思维逻辑。因此，服务型制造转型过程是一次"脱胎换骨"的变革，充满障碍和风险。制造企业可以将服务转型作为战略性企业文化，并向各级员工渗透，将服务型制造的文化内涵灌输给员工，从而增进"服务型制造"企业文化氛围。

第十四章

重点产业结构调整展望

第一节　钢铁产业结构调整展望及政策建议

2019 年，我国钢铁产业将进入新的发展阶段。在新旧动能转换的过程中，对钢铁产品需求的品种、质量要求更高。钢铁产业在新的一年将在巩固化解产能过剩的基础上，防范违规产能复产。而且将继续深化供给侧结构性改革，坚持绿色发展理念，抓住"一带一路"建设、京津冀协同发展、长江经济带发展等战略机遇，坚持产业转型、产品转型，提高产业运行的质量和效益，促进钢铁产业转型升级，推动高质量发展。

一、趋势展望

（一）去产能将继续推进，成果进一步巩固

我国钢铁去产能已取得一定效果。未来一段时期内，我国将进一步巩固去产能成果，按照供给侧结构性改革的要求，在去产能取得突出成效的基础上，严防"地条钢"死灰复燃和已化解的过剩产能复产。对于未完成去产能目标任务的省份将加快过剩产能的退出，加快"僵尸企业"的处置。2018 年我国粗钢产量创历史新高，达到 9.28 亿吨。所以严禁新增产能、严禁新增冶炼产能成为钢铁行业供给侧结构性改革成果巩固的关键。2019 年，针对违法违规行为高发的地区，部际联席会议组织对化解过剩产能成果开展抽查，采用举报平台、卫星遥感、电力监测等方式方法，严查各种违规行为。产能置换政策将得到严格执行，产能置换审核把关和监督落实进一步加强，产能置换和严禁新增产能既定政策将执行到位，严厉打击重复置换、虚假置换行为。

（二）钢铁需求平稳，推动产业不断发展

我国经济将持续增长。2018 年 12 月 20 日，世界银行发布的《中国经济简报》预测，2019 年中国经济增速预计为 6.2%。中国社科院《经济蓝皮书：2019 年中国经济形势分析与预测》指出，预计 2018 年中国经济增长 6.6% 左右。未来一年，我国基础设施建设、机械行业、家电行业、造船行业等的快速发展，将促进钢材需求的稳定增长。国际钢铁协会预计 2019 年全球钢铁需求将达到 16.81 亿吨，同比增长 1.4%。

我国将加大基建领域补短板力度，中西部区高速铁路投建、城市内轨道交通建设将加快。从基础设施建设来看，国家发改委的数据显示，2018 年基础设施拟建项目数量同比增长 5.3%，2019 年基建投资有望保持中速增长态势。《粤港澳大湾区发展规划纲要》正式发布，提出要加快基础设施互联互通，加强基础设施建设，畅通对外联系通道，提升内部联通水平，推动形成布局合理、功能完善、衔接顺畅、运作高效的基础设施网络，为粤港澳大湾区经济社会发展提供有力支撑。

（三）坚持绿色发展，为污染防治做贡献

我国正在积极推进生态文明建设，其中污染防治工作非常重要。国务院印发的《打赢蓝天保卫战三年行动计划》，对钢铁行业发展提出了更高要求。钢铁产业作为重点行业将承受更大的压力。2020 年，我国钢铁产业将加快思想观念的转变，重新认识环保与生产、环保与效益、环保与生存之间的关系，积极实施绿色发展。钢铁企业将积极采用更加成熟的、先进的新技术，加强工艺设备的技术改造，确保能耗达到甚至超过国家标准。与此同时，一些环保不达标的钢铁企业可能将会在环保高压下退出市场，这对环保治理做得好的企业来说也是机遇。

（四）产业空间布局将进一步优化

目前，我国钢铁企业布局仍存在着不合理的地方，京津冀区域和一些密集地区产业布局和区域布局过于集中，而且在我国的重点钢企中，相当一部分位于城市中心，有多家企业被要求搬迁，如河北省的 15 家城市钢企，在 2020 年前要完成搬迁。2020 年，我国将进一步推进重点区域的钢铁产业布局调整，明确钢铁产能跨区域转移的具体要求，促进京津冀等环境敏感地区钢铁产能向其他地区转移，降低区域钢铁产能总量，从而优化空间布局结构。

二、政策措施建议

（一）密切关注国际形势，实施多元化出口战略

过去我国钢铁产品出口的市场较为集中，遭遇贸易壁垒的风险较为集中，不利于可持续发展。由于新兴国家对钢材出口市场的争夺，我国钢材出口面临的市场竞争更加激烈。所以应密切关注国际贸易环境变化、各国之间的贸易摩擦走向，深入分析研判其他国家的贸易保护措施对我国钢铁产业的直接和间接影响，以便采取相关的应对措施。

（二）苦练内功，进一步提高企业自主创新能力

创新是引领钢铁产业发展的核心动力，对钢铁产业转型升级起到重要的支撑作用。各地应进一步落实研发加计扣除等相关政策措施，激发企业创新的积极性。钢铁产业应进一步加大研发投入，构建和完善"产学研用"机制，形成研发协同合作机制，聚焦共性问题，攻克共性技术和核心关键技术。加强国际合作，与国外院校、研发机构开展合作。

（三）树立绿色发展理念，推进钢铁产业绿色发展

当前，我国经济已由高速增长阶段转向高质量发展阶段。钢铁产业要实现高质量发展，必须坚持绿色发展理念，坚持绿色发展、绿色生产。钢铁产业要进一步加快绿色化改造，加快先进绿色制造技术的推广应用，提高沉泥、冶金渣等工业固体废物的综合利用水平；打造绿色工厂、绿色供应链；加快绿色园区的建设，提高能源梯级水平和资源循环利用效率。严格执行能耗、水耗、清洁生产等国家标准、行业标准，提升钢铁行业绿色发展标准化水平。

（四）积极参与国际产能合作，提升国际化发展水平

随着"一带一路"倡议的推进，我国已经和沿线多个国家在高速铁路、核电、海洋工程等领域达成合作协议。这也是为推动我国钢铁产业发展提供重要机遇。我国应以更加开放的姿态积极参与"一带一路"建设，提升国际化发展水平；积极开发海外市场，寻求多元海外合作模式；深入了解国际规则，加强与其对接，提高政策透明度和执行一致性，营造公平竞争的市场环境；深入落实外资准入负面清单，鼓励境外优势企业通过参股、控股等方式，参与我国钢铁企业兼并重组、转型升级等合资合作，提升钢铁企业发展水平。

第二节　有色金属产业结构调整展望及政策建议

一、趋势展望

随着国内基础建设投资力度加大，下游装备制造、房地产、轨道交通等行业景气度将逐渐改善，推动有色金属产业阶段性好转。在新旧动能转换过程中，常用有色金属消费仍将保持平稳或适度增长，高新有色材料需求增速加快。

（一）稳步推进有色金属工业绿色制造体系建设

2019 年政府工作报告指出"绿色发展是构建现代化经济体系的必然要求，是解决污染问题的根本之策。要改革完善相关制度，协同推动高质量发展与生态环境保护"。推动有色金属工业绿色发展体系建设是是深入推进供给侧结构性改革、实现工业转型升级的重要举措。2019 年，根据工业和信息化部工作部署，在 2018 年基础上，持续推进绿色制造体系建设示范，在有色金属工业领域打造一批绿色制造先进典型。充分发挥节能监察的监督保障作用，持续提高工业能效和绿色发展水平，完善工业节能监察工作体系，加强工业节能监察能力建设，针对铜冶炼、镁冶炼、铅锌冶炼、多晶硅、铁合金等高耗能行业能耗实施专项监察。针对我国在铜、铅锌、钨、镁等传统产业中存在的绿色制造短板突出问题，加快推进适用技术研发及推广，指导相关产业集聚区开展技术供需对接，引导企业加快绿色发展。

（二）加快推动有色金属工业高质量发展

党的十九大报告指出，我国经济已由高速增长阶段转向高质量发展阶段。有色金属工业作为国民经济的基础工业，加快推动有色金属工业高质量发展事关我国制造业高质量发展的全局。未来，我国有色金属工业工作重点将持续强化有色金属工业基础和技术创新能力，围绕大飞机、新能源汽车、船舶海洋工程装备等对关键高端材料的重大需求，实施系列重大科技创新项目和示范工程。将民用飞机铝材上下游合作机制拓展为民用飞机材料合作机制，推进落实年度重点任务，跟踪新能源汽车平台建设进度，强化工作督导协调，形成年度标志性工作成果。针对我国当前有色金属新材料高端产能不足问题，2019 年工作重点将围绕有色金属工业协同创新生态体系建设核心环节展开，包括成立有色金属新材料数据库、行业测试评价中心，健全有色金属新材料基础研发体系。

（三）持续加强稀土行业秩序整顿

当前我国持续强化对稀土行业的秩序整顿工作，虽然取得了显著成绩，成立了中国稀有稀土股份有限公司、五矿稀土集团有限公司、中国北方稀土（集团）高科技股份有限公司、厦门钨业股份有限公司、中国南方稀土集团有限公司、广东省稀土产业集团有限公司六大产业集团，但依然面临监管不到位、私挖盗采、非法加工稀土产品等诸多问题。为有效推进我国稀土行业秩序建设，2019年，我国稀土行业管理工作重心将进一步强化稀土行业秩序整顿，具体措施包括：组建多部门联合督查机制，强化打击以采代探、无证开采、越界开采、非法外包等违法违规开采稀土矿点，进一步落实开采、冶炼分离计划，规范现有资源综合利用企业，健全完善稀土产品追溯系统和稀土专用发票产品目录等。同时，大力推进稀土行业绿色高效发展能力和智能化水平，推动稀土集团、研究单位建立健全稀土开采、冶炼分离技术规范标准。为加快推进镧、铈、钇等高丰度稀土元素精深加工应用，将围绕产业链、价值链、创新链构建协同创新生态体系，包括组建国家级稀土功能材料创新中心、稀土新材料产学研用科技创新体系建设等。

二、政策措施建议

（一）围绕产业链上下游构建协同创新生态体系

战略性关键材料的研发不是一蹴而就的事，需要长期跟踪开发。建议国家优化完善我国现有有色金属工业科技研发投入体系，推动建立健全基础研发经费持续性和稳定性长效保障机制，强化战略性关键材料、前沿技术研究的扶持力度，激发企业、科研人员的原始创新动力和活力。国家加快优化完善、加快建立和完善产业技术协同创新体系，以国家战略需求为牵引，围绕共性关键技术、前沿技术、颠覆性创新项目，鼓励支持建立跨行业、跨部门、跨学科的多元合作开发团体，推动建立由研发单位、生产企业和应用企业三方共同出资或技术入股的创新联合体。国家积极探索优化金属新材料产学研政协同创新共同体，以及强化对"企业研究院+企业"的联合攻关模式支持力度。

（二）建立有色金属工业监测预警平台

国家构建我国有色金属行业在线监测预警平台，强化对我国重点有色金属工业的监测预警。国家特别要对有色金属行业的电能消耗、安全生产、"三废"排放等关键环节加以动态监管，统筹掌握第一手数据，对全国产业布局调整提供决策支持。国家完善有色金属工业新材料产品统计制度标准，制定新材料产品、企业统计办法和进出口商品统计目录，组织开展统计监测，及时发布统计信息，引导行业规范有序发展。国家建立新材料产业发展监测预警体系、技术成熟度评价体系及新材料技术成熟度通用分级标准。国家探索重点新材料项目及工程知识产权评议试点，积极化解产业发展风险；合理调整进出口政策，维护产业发展利益。

（三）推动有色金属工业标准体系建设

强化我国有色金属相关标准的适用性。针对我国有色金属工业产品质量一致性评价标准缺失、国际标准制定参与度不足、高技术产品质量参差不齐、基础理论研究能力亟需提升、产业专业检测机构水平不足等系列问题，建议结合我国有色金属工业发展的重点任务，推动有色金属新材料、精深加工产品、节能减排与资源综合利用及安全生产等重点领域标准的修订。国家借鉴欧美等发达国家的先进经验，推动有色金属工业数据库建设，搭建开放、统一、透明的标准公共服务平台。国家建立健全有效的知识产权保护法律法规，在企业中普及知识产权保护法教育，并强制推行实施。

（四）强化军民深度融合对有色金属工业的驱动效应

建议以我国"大飞机""空间站计划""嫦娥计划"等重大工程需求为牵引，成立军民融合有色金属新材料创新平台、应用示范平台及军民融合服务平台，以军方需求为指导，实施联合攻关、协同创新，开展新材料基础工艺、关键技术及应用技术开发，优化完善服役环境下性能评价、应用示范线、材料全尺寸考核等，从而实现材料研发与终端应用同步设计、系统验证、批量应用与供货等全生命周期协同促进。通过军工自转、校企联转、院所自转和"民参军"等多元化融合模式，加快推动我国有色金属高端新材料军民融合发展的合力。聚焦航空航天、船舶、高端装备等重大需求，支持有色金属高新技术产业园区建立军民融合发展产业示范基地或军民融合特色小镇。

第三节　建材产业结构调整展望及政策建议

建材产业作为实体经济的基础产业，承担着我国经济发展、社会建设、人居条件改善的重任。恰逢调结构、增效益、转型升级的关键时期，未来"十四五"期间,依靠投资拉动的建材产业价值增长将更加受限,资源环境约束也更加趋紧,行业也势必在倒逼的巨大压力和国家政策引导下聚力于发展方式转变。行业企业应尽早转变思想、树立新发展理念,实现产业结构优化和效益增长。

一、趋势展望

(一)宏观市场环境将保持平稳

由于环保政策进一步趋严和环保督察常态化、巩固化,各地区建材限产政策频出,预计2019年全国固定资产投资总体保持稳定,建材行业面临的宏观市场环境将在需求相对偏弱的情况下保持基本平稳。同时,建材行业在进一步强化行业自律并加快去产能的预期下,市场供需平稳将得到较好的维护。但是,由于目前建材产品价格和经济效益回升基础仍然较脆弱,产能严重过剩问题并没有得到实质性的缓解,建材行业新的需求增长点未充分形成等问题仍较为突出,2019年建材经济效益持续稳定增长还存在一定的风险。但随着大气环境质量的稳步向好,建材限产的力度将会有所放松,将在一定程度上缓解供需矛盾,有望获得平稳市场。

(二)行业技术创新势必提速

随着我国经济结构的战略性调整及战略性新兴产业、绿色建筑产业的发展,势必带动建材产品的需求结构变化和新产品开发。水泥制品方面,最新混凝土技术、各类新混凝土应用、砂浆设备、砂石骨料设备和工地现场水处理,以及玻璃制品方面的节能玻璃、玻璃深加工产品、电子平板显示玻璃、太阳能玻璃、低辐射镀膜玻璃、新型墙体材料及复合多功能墙体、节能型门窗及屋面材料、防火抗震隔音保温材料、玻璃纤维及树脂基复合材料制品和各种新材料、共同基础材料、新能源和节能环保材料等将成为新的需求增长点。未来产品需求的绿色化、多功能化和高品质化发展趋势将更加明显,兼具绿色、节能、环保等高品质建材产品将成为未来主要供给主体,其市场空间也将随之加快扩大。

(三)产业融合深度不断加大

市场需求多元化发展催生产业融合和产业细分市场发展。随着宏观环境和市场的变化,通过市场力量推动建材领域资源合理高效配置的深度融合初现端倪，特别是在砂石、水泥、混凝土、砂浆等领域，更深层次的产业融合正在加速进行。水泥与砂石产业优势互补已被行业广泛接受，砂石骨料品质对混凝土质量的影响也催生混凝土企业延伸砂石骨料生产线。

随着国家生态环保战略部署的持续推进，砂石骨料的重要性越发突出。一方面，天然优质砂石资源稀缺，砂石质量、供应不稳定且成本波动大，成为混凝土、砂浆、水泥制品等行业的不可控因素。另一方面，国家有关部门加强对矿产资源审批，从源头上管控资源，原材料日渐稀缺，如何提高资源有效利用率成为行业普遍关注的话题。

二、政策措施建议

（一）加强规划、政策等的制定—修订—完善—执行，拓宽建材产业供给侧结构性改革实施路径

一是深入落实促进绿色建材生产和应用的行动方案，开展绿色建材评价，发布绿色建材产品目录，研究修订水泥产品标准，制定修订混凝土、混凝土掺合料和专用水泥等的产品标准，发挥行业协会作用，定期淘汰落后技术、产品，扎实推进技术更新、产品换代。

二是建立企业产品和服务标准的自我公开声明和监督制度、产品全生命周期可追溯体系，强制和自愿相结合地要求企业公开环保、节能、质量、安全等信息并接受社会监督。严格执法监督，对违反相关法律法规、强制性标准规范的行为依法进行处理，并发布失信企业黑名单。

（二）推广应用绿色建材技术与产品，鼓励绿色建材消费

一是瞄准细分领域，优先推广绿色建材。国家构建贯通绿色建筑和绿色建材的全产业链，鼓励节点企业延伸产业链，整合人力物力，搭建产业协同创新平台，组织绿色建材新产品、新设计、新技术的多批次应用试点示范，宣传推介绿色建材成功应用范例。

二是全面推进和加强清洁生产。国家支持企业提升清洁生产水平，一方面在原有技术基础上应用新材料，另一方面开辟新的适用工艺技术，实施节能减排技术改造，挑选行业高效优良工艺技术装备做示范普及，推进资源、能源、环境、节水等合同管理，研究制定和修订重点行业清洁生产标准规范指南目录。

三是不断深化和发展循环经济。国家支持利用现有的新型干法水泥窑协同

处置生活垃圾、建筑垃圾、城市污泥、危险废物和污染土壤等，基于建筑废弃物回收再加工生产绿色建材，利用农作物秸秆、林业废旧木制品等农林草残渣制造生物质建材等。

（三）加强对建材企业创新的奖励，营造需求牵引、市场推动、政府激励的创新机制

一是根据建材工业行业发展现状和技术特征，政府坚持企业主体地位，鼓励建材企业加大技术创新投入，引导建材企业融入"互联网+"战略，对传统生产模式、工艺技术改造升级，特别是顺应智能制造的发展趋势，支持筹建建材行业智能制造联盟，打造促进建材产业智能化、绿色化的技术与创新服务平台。

二是放眼未来，不只做行业跟随者，更要做行业引领者。政府营造公平竞争市场环境与宽松创新氛围，鼓励企业参与国际竞合时，把握前沿技术与理念，聚焦石墨、玻璃纤维及非金属矿物加工、无机非金属材料等先进复合材料的研发应用，增强高端战略性建材和绿色建材的供给力。

第四节　汽车产业结构调整展望及政策建议

新技术革命、新全球化，以及新常态的叠加、能源资源约束的趋紧、汽车产业智能化、绿色化、服务化趋势明显。汽车市场增量见顶，新能源汽车或许成为市场新机遇，并构成车市未来的骨干支柱。随着市场开放门槛降低与税收政策调整，汽车行业竞争走向新的炽热。市场集中度增强，新能源龙头车企的产业链地位进一步提高，产业格局可能重塑。

一、趋势展望

（一）强化质量

第一，2019 年 1 月 10 日，《电动汽车安全指南》发布，涵盖电动乘用车、电动客车、电池单体和模组、电池系统、充电、回收利用、事故处理等十一个专题，全面梳理从设计、生产到售后、维修保养等全生命周期安全风险，并提出各个环节的风险防范措施。这意味着对汽车系统的全面质量把控已经提上新的日程。

第二，2019 年 1 月 18 日，工业和信息化部发布的《道路机动车辆生产企

业准入许可审查要求》和《道路机动车辆产品准入许可审查要求》中强调企业需新增项目，集中在废旧动力蓄电池回收、整车试验能力、产品检验信息、存储数据管理四大领域。随着新能源汽车等产品的市场投入，健全质量范畴检查制度迫在眉睫。

（二）市场洗牌

第一，制造业增值税下调，汽车平行进口加速推进，二手车限迁政策全面取消，加剧汽车行业的竞争激烈程度。受减税等政策影响，进口车、二手车、合资品牌持有更多价格下探空间。新一轮汽车产业"淘汰赛"与"博弈赛"掀开帷幕。作为品牌效应显著的市场，汽车行业未来会出现少数品牌占有绝对市场份额的情形，多数过度激进的车企将被市场淘汰出局。

第二，入市门槛降低。按《汽车产业投资管理规定》，纯电动乘用车项目的审批由此前必须经过国家发展和改革委员会的核准，改为到省级发改委等部门进行备案管理，纯电动汽车生产资质门槛放宽。同时，《外商投资准入特别管理措施（负面清单）（2018 年版）》对外资限制不断降低，利好国外汽车企业。

第三，随着信息革命的发力，智能网联汽车加速来临。2018 年 11 月 13 日，《车联网（智能网联汽车）直连通信使用 5905～5925MHz 频段管理规定（暂行）》发布，以满足车联网等智能交通系统使用无线电频率的需要。2018 年 12 月 27 日，《车联网（智能网联汽车）产业发展行动计划》提出，2020 年后推动车联网产业实现跨越发展，技术创新、标准体系、基础设施、应用服务和安全保障体系全面建成，发展高级别自动驾驶功能的智能网联汽车，"人—车—路—云"实现高度协同。

二、政策措施建议

（一）优化顶层设计

第一，国家继续实施积极的财政政策和稳健的货币政策，优化消费政策，如适度改善大城市的限购政策，消除制度化的消费限制。

第二，2018 年 1 月 5 日，发展改革委发布《智能汽车创新发展战略》（征求意见稿），指出到 2020 年中国标准智能汽车的技术创新、产业生态、路网设施、法规标准、产品监管和信息安全体系框架基本形成。基本确定智能汽车产业作为未来国家重点支持产业的战略地位。以新能源汽车和智能网联汽车为突破口，加快汽车强国的建设，为未来十年汽车产业的发展提供指导。

（二）孵化创新能力

创新能力是提升我国汽车产业国际竞争力，打造汽车强国的根本途径。

第一，国家重点实施研发计划、强化工业强基工程、搭建汽车协同创新平台、落实技术改造专项等，支持汽车整车、动力电池、电驱动系统的联合攻关、研发和产业化。

第二，国家充分发挥汽车产业协会等行业组织的资源协调作用，强化服务型制造，提升我国企业的竞争力与创新整合力。

第三，汽车企业必须加强软件开发能力，加快形成线上能力，推动汽车产品向智能移动空间转型。同时，加大汽车领域知识产权保护、充分利用税收、人才、金融等政策对创新的支持力度，提高我国汽车行业的核心技术实力。

第四，国家强化对汽车管理人才与技术人才的培育、海外引进，优化我国汽车人才结构，提高我国汽车生产、维修领域的中高级技工比重，为汽车质量提升与品牌建设作保障，充实人才储备。

（三）强化推广应用

第一，车企以"一带一路"为机遇，因地制宜建立健全自主品牌汽车的差异化营销体系，强化海外市场拓展。汽车企业强化自主品牌市场认可度，提升自主品牌汽车消费的海外布局。

第二，汽车企业以国内消费升级为契机，推动汽车迭代更新，多元布局，挖掘差异化、高质量的产品，进而提高自主品牌汽车的用户黏性与市场容度。

第五节　电子信息产业结构调整展望及政策建议

一、趋势展望

（一）人工智能领域应用将逐渐成熟

自 2017 年 7 月国务院发布《新一代人工智能发展规划》以来，中央部委和地方政府纷纷出台支持政策，加大对人工智能领域的技术和应用的政策支持。2018 年是人工智能蓬勃发展之年，人工智能技术创新活跃，我国人工智能领域相关企业达到 2000 家。未来，随着人工智能技术的逐渐成熟，商业应用领域将更加普及。例如在图像、图形识别方面有指纹识别、染色体识别等；在航天与军事方面有卫星图像处理、飞行器跟踪、成像精确制导、景物识别、目标检测等；在医学方面有图像的脏器重建、医学图像分析等；在工业方面有各种监测系统和生产过程控制；在汽车领域有无人驾驶等技术。

（二）5G 等前沿技术的研发和商用进程将加快

5G 领域是全球竞争的焦点。欧盟发展使用 694~790MHz 频率区段的 5G 宽带网络技术，2020 年 6 月底开展商业化使用服务，英国政府在 2017 年 3 月公布了 5G 发展战略，日本包括软银等电信服务商将在 2020 年正式提供 5G 通讯技术服务。目前我国国内三大运营商都在积极推进 5G 商用化进程，均力争在 2020 年实现 5G 网络商用。主流通信设备供应商已经实现 5G 产品供货。华为 2018 年已经出货 1 万个 5G 基站，主要提供给欧洲、中东等市场；中兴通讯发布了 5G 全系列高低频预商用基站产品。2019 年，5G、超高速大容量光传输技术、量子通信等前沿技术的研发和商用进程不断加快。

（三）工业互联网的普及步伐加快

国家高度重视工业互联网的发展，在顶层设计、项目试点、集群发展、生态构建等方面开展了系列工作。目前，工业互联网生态体系建设正在全方位推进，国内具有一定行业和区域影响力的工业互联网平台总数超过了 50 家，重点平台平均连接的设备数量达到了 59 万台，工业互联网产业联盟成员数量突破了 1000 家。未来，工业互联网的应用领域将从石油石化、钢铁冶金、家电服装、能源机械等传统行业向新能源汽车、智能装备制造、航空航天等新兴领域加快拓展。预计在 2019 年，我国工业互联网产业规模将达到 4800 亿元，为国民经济带来近 2 万亿元的增长。

二、政策措施建议

（一）加快推进优势技术领域产品的产业化应用

我国在新一代通信技术、工业互联网、人工智能等领域与国际先进水平差距较小，甚至在部分技术领域存在优势。我国要抓住技术革命的发展机遇，加快前沿科技和核心基础技术的研发，完善新技术、新产品的测试认证体系，加快推进优势技术产品的商业化应用，通过早期市场的布局创造产业发展的领先优势。

（二）对差距非常大的产业开展选择性布局

对于对外依存度较高的产品，我国要根据国家战略和产业发展的需要，面向全球资源进行有选择的布局。企业在产品选定和企业的兼并收购中，要考虑到哪些是有可能打破国际垄断的，哪些是短期内技术攻关无法实现的，要根据实际情况选择"可为"的领域并制定科学发展的路线。对于对外依存度略低的产品，我国要充分发挥大国大市场的优势，巩固产品技术能力，逐步打造产品核心竞争力。政府积极推动资本进行产业兼并重构，有效调整现有资源，实现长期可持续、健康的发展。

（三）完善产业链体系，营造良好国际市场环境

完整的产业链是国家产业健康发展的保障。产业链安全不但对产业发展至关重要，甚至还影响到国民经济和国防安全。中兴事件和晋华事件为国内电子信息企业敲响了供应链安全的警钟，使得培育国内集成电路供应商和提升芯片制造能力成为行业的共识和整机企业的迫切需求。在全球化分工合作的前提下，购买国外供应商产品必不可少，为避免单一供应商导致"卡脖子"的状况，我国企业应打造多元化的供应链体系，一方面要支持和培育本土可靠稳定的供应商，另一方面还要扩大对非美系技术的合作与开发，通过营造良好的国际市场环境，稳定产业供应链安全。

第六节　战略性新兴产业发展展望与政策措施建议

一、趋势展望

（一）战略性新兴产业持续高速发展，但有放缓迹象

随着创新驱动发展战略的大力实施，新产业、新业态、新商业模式层出不穷，新技术、新产品、新服务不断涌现，新动能成为保持经济平稳增长的重要动力。从增加值增速看，2018 年规模以上工业战略性新兴产业增加值比 2017 年增长 8.9%，规模以上工业高技术产业增加值比 2017 年增长 11.7%，分别高于整个规模以上工业 2.7 个和 5.5 个百分点。2018 年 1—11 月，规模以上科技服务业企业营业收入同比增长 15.0%，战略性新兴服务业企业营业收入同比增长 14.9%，分别高于全部规模以上服务业企业营业收入增速 3.5 个和 3.4 个百分点。从重点企业看，战略性新兴产业企业盈利能力不断提升。东吴证券数据显

示，云计算、智能制造、信息安全、金融科技、医疗信息为收入增速前五的行业。从趋势上看，我国战略性新兴产业工业增加值增速一直高于规模以上工业增速，但近期两者间的差距在不断缩小，从 2017 年三季度的 4.6 个百分点下降至 2018 年 9 月的 2.4 个百分点。

预计 2019 年以后，战略性新兴产业将持续高速发展，尤其是新一代信息技术与制造业等实体经济相互融合渗透，新产业、新业态、新模式层出不穷，带来了新的产业价值。但是中美贸易摩擦中，特朗普有意限制中国高新技术产业发展，航天航空、新能源汽车、可替代能源、信息技术产业都受到一定的冲击和影响。

（二）新兴产业领域政策红利进一步释放

2019 年，国家继续支持制造业、小微企业等实体经济发展，持续为市场主体减负，决定将制造业等行业现行 16%的税率降至 13%；将交通运输业、建筑业等行业现行 10%的税率降至 9%，确保主要行业税负明显降低；保持 6%一档的税率不变，但通过采取对生产、生活性服务业增加税收抵扣等配套措施，确保所有行业税负只减不增，继续向推进税率三档并两档、税制简化方向迈进。受益于增值税减税利好较大的行业主要包括：机械设备（运输设备、金属制品）、化工（石油化工、化学原料、塑料、橡胶）、汽车（汽车服务、汽车整车、其他交运设备）、有色金属（稀有金属、工业金属、黄金）、家用电器（白色家电、视听器材）、建筑材料（玻璃制造、水泥制造）、计算机设备、煤炭开采等。这可能带来接近 6000 亿元的减税，体现了目前政府扶持制造业、助力实体经济的决心。国家发展和改革委员会发布了关于对《战略性新兴产业重点产品和服务指导目录》2016 版征求修订意见的公告，充分体现了国家层面对战略性新兴产业的重视。

（三）区域特色新兴产业集群加快形成，竞争力持续提升

2018 年我国积极调整、优化产业结构，着力打造和培育具有区域特色的产业集群经济，战略性新兴产业集群的发展很快，取得的成果显著，但仍面临产业集群内大多企业自主创新能力不足、大而不强、全而不精的弊端。

装备制造业。西部地区依托成都、西安、南充、柳州、包头、毕节，发展新能源汽车产业，建设以重庆为中心的新能源及智能网联汽车基地；以重庆、成都、西安、渭南为重点，打造机器人、数控机床、增材制造产业基地。东北地区以沈阳、大连、长春、哈尔滨、齐齐哈尔为中心，建设智能制造装备、轨

道交通装备及关键零部件等先进制造业基地；以沈阳、长春、哈尔滨、大庆为龙头，做大做强汽车全产业链，重点发展新能源汽车及智能网联汽车。中部地区以武汉、郑州、洛阳、合肥、芜湖、马鞍山等为重点，打造数控机床、机器人等智能制造装备产业集群。东部地区以北京、上海、广州等产地基础优势，提升汽车产品研发与技术创新能力，推动汽车产业逐步向智能网联汽车和新能源汽车转型升级。

电子信息产业。东北地区以发展信息通信技术、人工智能、云计算和大数据、下一代互联网核心设备和智能终端、工业互联网为重点，建立起依托大连、沈阳、长春、哈尔滨的产业集群。东部地区重点发展人工智能、物联网、工业互联网、大数据、信息安全等产业，以环渤海、长三角和珠三角培育产业集群。

（四）新兴产业国际竞争日趋激烈

新兴产业是未来全球经济竞争的重要战场，世界主要国家对新兴产业均十分重视，采取了各种各样的举措发展新型经济和新兴产业。德国推出《德国工业战略2030》，旨在有针对性地扶持重点工业领域，提高工业产值，保证德国工业在欧洲乃至全球的竞争力。该战略将钢铁铜铝、化工、机械、汽车、光学、医疗器械、绿色科技、国防、航空航天和3D打印等十个工业领域列为"关键工业部门"。德国政府将持续扶持这些部门，为相关企业提供更廉价的能源和更有竞争力的税收制度，并放宽垄断法，允许形成"全国冠军"甚至"欧洲冠军"企业，以全面提高德国制造业全球竞争力水平。美国发布了《先进制造业领导者战略》，认为先进制造业（指通过创新推出的新制造方法和新产品）是美国经济实力的引擎和国家安全的支柱。《先进制造业领导者战略》要求，加强智能和数字制造系统、工业机器人、人工智能、增材制造、高性能材料、半导体和混合电子、光子学、先进纺织品、生物制造、食品和农业制造等各种技术的推动。这些新兴技术不仅有助于提高生产力并使其更具竞争力，而且其本身的市场每年将达数十亿美元。国际贸易管理局应提供资源帮助美国制造商进入国外新市场。

在这些战略的指引下，发达国家新兴产业蓬勃发展。在人工智能、数字化、自主驾驶和生物技术方面，技术发展由苹果、亚马逊、谷歌、微软和通用电气等大型科技集团推动，这些企业在人工智能、数字化、自主驾驶和生物技术方面的研究和开发总共投入了数千亿美元的资金。日本在人工智能、联网机器和机器人技术及汽车工业方面大力发展，日本软银集团为网络技术（人工智能、联网机器和机器人）设立了愿景投资基金（Vision Fund），该基金将在十年内增长到 1000 亿美元。2019 年，在这些领域仍然会存在激烈的技术和市场竞争，我国需要加大科技投入强度，持续改善创新创造环境，以应对国际新经济、新产业和新技术的竞争局面。

二、政策措施建议

（一）妥善处理中美贸易摩擦，减少对新兴产业发展的冲击

中美贸易摩擦是长期性的，美国对我国战略性新兴产业的限制是持续性的，我们应建立起长效的应对机制。

一是完善贸易摩擦的应对机制。我国要密切跟踪美国政策动态，预判其对我国造成的影响，尽早研究应对策略，尤其是战略新兴产业，如新一代信息技术、人工智能、工业互联网等领域，研究相互制衡策略，保证产业安全。

二是强化产业政策对外正面宣传。我国要加大产业政策日常宣传，针对人工智能、工业机器人、装备制造普惠政策进行宣传、辅导和政策解读，充分利用电视、广播、微博、网站、微信公众平台等新旧媒体渠道强化产业政策对外正面宣传。

三是建立产业受损援助机制。产业政策旨在引导产业发展，构建市场友好型政府。政府需加强产业受损预警协调机制，通过预警工作，把产业安全工作前置化。

（二）提升自主创新能力，加快推进短板技术突破

我国借鉴欧美等国科技研发经验，加快国家制造业创新网络建设，推动国家集成电路、智能传感器创新中心、机器人创新中心、国家数字化设计与制造创新中心、信息光电子创新中心的发展。政府充分发挥国家制造业创新中心，集中力量，加快补齐我国在新材料、高端装备制造、设计工具、软件、芯片等领域的技术短板。政府鼓励企业加大研发投入，在新产品、新技术、基础领域加快技术开发，建立以企业为主体、市场为导向、产学研结合的技术创新体系，提升企业自身生存、发展能力与综合竞争力。

（三）强化立法，完善新兴领域数据安全保护制度

数据对新兴产业发展至关重要。战略性新兴产业数据安全受到威胁，首先会对国家的安全、产业安全带来巨大的潜在隐患。在微观层面，数据安全威胁

会对用户的隐私造成侵害。参考欧盟对数据的保护立法，我国也应推动国内立法，明确数据所有权、使用权，并建立数据安全保护机制。另外，在新兴产业发展与数据安全两者之间形成一个动态平衡点，既能在应用安全、终端安全等方面夯实数据安全，也能对用户进行数据加密、数据备份、数据防伪、隐私保护。

后　记

2018 年是我国改革开放 40 周年。40 年的伟大成就，证明了我国的基本路线和产业的发展策略是正确而有效的。40 年的伟大成就，意味着经济发展和改革开放进入深水区，产业的结构性调整也进入新阶段。《2018—2019 年中国产业结构调整蓝皮书》是工业和信息化部赛迪智库产业政策研究所编著的产业结构调整蓝皮书系列的第 7 本，对 2018 年我国产业结构调整的相关政策和进展情况进行了分析总结，对 2019 年及今后发展趋势进行了展望。

本书由王鹏任主编，栾群任副主编。全书具体编写人员及分工如下：第一和第十三章由杜雨萧编写；第二章由王兴杰编写；第三章由尹训飞编写；第四章由田帅编写；第五章由张学俊编写；第六章由王冉编写；第七章由郧彦辉编写；第八章由周忠锋编写；第九章由杨帅编写；第十一章由韩娜编写；第十二章由张希编写；第十、第十四章由上述研究人员合作编写。在本书编写过程中，得到了工业和信息化部相关领导、行业协会及企业专家的大力支持、指导和帮助，在此一并致以最诚挚的谢意！

2019 年是新中国成立 70 周年，也是全面建成小康社会的关键之年。但是，我国却遇到了前所未有的国际国内复杂形势。在此背景下，坚定深化产业结构调整，坚定推进制造强国和网络强国建设，坚定完成党的十九大提出的高质量发展要求，显得格外重要和意义重大。期待我们的研究为相关部门提供有力的决策支撑。

赛迪智库
面向政府 服务决策

思想，还是思想
才使我们与众不同

《赛迪专报》　　　《安全产业研究》　　　　　　《产业政策研究》

《赛迪前瞻》　　　《工业经济研究》　　　　　　《军民结合研究》

《赛迪智库·案例》　《财经研究》　　　　　　　　《工业和信息化研究》

《赛迪智库·数据》　《信息化与软件产业研究》　　《科技与标准研究》

《赛迪智库·软科学》《电子信息研究》　　　　　　《无线电管理研究》

《赛迪译丛》　　　《网络安全研究》　　　　　　《节能与环保研究》

《工业新词话》　　《材料工业研究》　　　　　　《世界工业研究》

　　　　　　　　　　　　　　　　　　　　　　《中小企业研究》

《政策法规研究》　《消费品工业"三品"战略专刊》《集成电路研究》

通信地址：北京市海淀区万寿路27号院8号楼12层
邮政编码：100846
联 系 人：王　乐
联系电话：010—68200552　13701083941
传　　真：010—68209616
网　　址：www.ccidwise.com
电子邮件：wangle@ccidgroup.com

研究，还是研究
才使我们见微知著

规划研究所	知识产权研究所	安全产业研究所
工业经济研究所	世界工业研究所	网络安全研究所
电子信息研究所	无线电管理研究所	中小企业研究所
集成电路研究所	信息化与软件产业研究所	节能与环保研究所
产业政策研究所	军民融合研究所	材料工业研究所
科技与标准研究所	政策法规研究所	消费品工业研究所

通信地址：北京市海淀区万寿路27号院8号楼12层
邮政编码：100846
联系人：王 乐
联系电话：010—68200552　13701083941
传　真：010—68209616
网　址：www.ccidwise.com
电子邮件：wangle@ccidgroup.com